你的隨和必須要有點原則

徐竹——著

作者序

沒有了原則，你將一無是處！

從小我們都被教導著要善良、要隨和，卻沒有人告訴我們，想更好的生存於這個世界，不能只有善良與隨和。

氣質隨和的人身上都有一種令人舒服的親和力，很容易讓人產生親切感。然而，隨和並不是對所有人都是一個等級、一個標準，在我們付出的時候應該「停、聽、看」，多思量為什麼會出現「心寒」、「大失所望」、「算計」和「傷害」的窘境？

「你人這麼好，我馬上要去開會，你幫我把這個快遞寄一下，可以嗎？」「這些工作真的好多，我做不完，你幫我好不好？」「你人真的好好，我說話比較直，你可以體諒吧！」……最後可能大家都說你是個好人、你這個人隨和好相處，可是細想，好事卻總是不會落在自己身上。這張好人卡，要它有何用？所以，善良、隨和沒用？答案當然不是。心軟不是善良，隨和不是隨便！如果你的隨和沒有限度和骨氣，那麼你的隨和在別人眼裡根本「一文不值」，別傻傻的荒廢自己許多時間，在那些不值得的人身上，別讓善良、隨和的本性淪為被利用的工具。

不是每個人都懂得感恩，也不是每個人都值得溫柔以待，成年人的世界沒你想的那麼美好。把隨和付出給不懂感恩的人，得到的是把你的付出視為理所當然，把善良給了得寸進尺的人，換來的是無情的翻臉。把你的善良、隨和用在對的地方、對的人身上，才能達到雙贏的效果。

在生活中，你可能會驚奇的發現：那些生活過得還不錯的人，大多很會「得寸進尺」，反倒是那些過於為他人思考的人，希冀透過退讓換得他人的體諒，過得一點也不開心。不可否認的，人際交往其實就是一場博弈，誰強大，誰就可以占據主動權。如果，你面臨許多的「強欺弱」、「吃人夠夠」的慘例，不妨反思是不是自己太懦弱了。

為什麼會當個「老好人」？那是因為你太害怕被他人討厭，害怕在人際關係中受傷。因為不懂得如何拒絕別人，或是性格優柔寡斷，容易被人三言兩語打動，於是成日忙得團團轉，忙的卻都不是自己的事。

或許對你如此的人，並沒有發現你心裡的不舒服，甚至知道也不在乎，歸咎一個原因，就是你太沒有個人原則了，當我們對人過度寬容，反倒是給了別人一個肆無忌憚傷害自己的機會，最後痛苦的只會是你而不是別人。

人際交往不需要劍拔弩張，像刺蝟一樣面對周遭的人，但懂得適時保護自己的權益，為自己設下一道防線是必要的。凡事點到為止，你沒有這個責任及義務去把別人的問題往身上扛。

那麼我們如何自救？改變我們的思維，多挖掘自己潛在的能力，加強自己的自信心，有時該堅持的還是要堅持，不要因為害怕得罪別人而委屈自己。

另一方面，怕得罪人也可能是自我價值感低，心底渴望從別人口中獲得肯定來證明自己的價值。這是毫無意義的，還不如增進自己的成就感，把心思花在如何令自己成長及加強個人的實力，將自己提升為「強者」，而不是攀附在某些人的評價上，獲得多方肯定，而不單只是「服務某人」而已。

拋開過度依賴周遭人的心態，反而會更加贏得他人的尊重，而不是卑躬屈膝渴求那一點點的重視。

目錄

CHAPTER 02

調整好自己的心態

CHAPTER 03

珍惜自己，是你人生的骨架

CHAPTER 04

克服怯懦的自己

CHAPTER 05

創造自我的價值

CHAPTER01

隨和不是無底限的縱容

坦率地說出自己的心里話不僅是一種道德上的責任，

而且還是一種令人快慰的事。

——愛爾蘭劇作家 王爾德

他不認真，你又何必當真

拿回主導權，主宰自己的愛情，做自己人生的女主角，而不是在他的劇本裡充當女配角。

備胎，應該是人間最悽苦的名詞之一吧！

在感情中有一種角色叫「備胎」，若隱若現、時有時無看似愛情，但往往只是淪為「隨時待命」、「無怨無悔」，包藏著祕密的失衡愛。說好聽是為愛情奉獻，說得實在一點，不過是在愛情中無底限地放低自己罷了。說起來有些諷刺，卻實則心酸。

愛一個人沒有錯，你可以愛他，但你的真心不能讓別人去踐踏。所以，睜開眼看看，付出愛的對象是怎樣看待自己的呢？

餘生不長，別再委屈自己——

你約他出來，他答應了，最後卻放了你鴿子。你不但沒有怪他，還在心中為他找各種藉口來安慰自己？

總是關注他的動態，在背後默默關心著他，而他似乎不太領情？因為沒有自信，以及不夠勇敢，不敢越過朋友界線，推進你們之間的關係嗎？

張愛玲在《紅玫瑰與白玫瑰》裡的經典名句說：「也許每一個男子全都有過這樣的兩個女人，至少兩個。娶了紅玫瑰，久而久之，紅的變成牆上的一抹蚊子血，白的還是『床前明月光』，娶了白玫瑰，白的便是衣服上沾的一粒飯黏子，紅的卻是心口上一顆硃砂痣。」人在潛意識裡，總是美化過去的回憶，尤其在愛情裡霧裡看花，特別容易把很多事情美化、合理化，認為對方不夠愛你是因為有不得已的苦衷，以為只要等久了就是你的。

醒醒吧！無條件愛你的，只有你的父母，甚至有時也未必是定論，更何況是原本陌生的兩個人。

人與人之間的關係，永遠都是一種衡量，衡量誰強誰弱、誰比較重要、誰是可有可無，看哪一方握有主導權。那些會把你當作「次級對象」看待的人，其實根本沒把你放在心上。

這並不代表你不夠好，只是你的某些行為讓別人留下可欺的印象。

任何的委屈都往肚子裡吞，明明很脆弱，卻要裝作堅強的樣子，毫無怨言，久而久之，對方就習慣了你的好態度，也容易不把你當一回事，覺得無論怎麼對你都行，反正你已經非他不可，又何必在乎是否會傷了你的心。

當愛情處於一種不對等的情況，吃苦的絕對不會是強勢的一方，而你卻未曾反省過：是誰造成對方的「強勢」？當我們在愛情裡一味的低聲下氣時，只會在對方的眼裡變得廉價不堪。

或許吧！對方是真的如你所想：有那麼「一點點的喜歡」。

可是，感情是容不下將就的，尤其是一個不愛你，只有一點點喜歡你的人，更無須將就。

樂觀自信的人永遠是最美的，也是最帥的——

對方在你心底的地位無比崇高，以至於覺得能施捨一點點愛給你，都是無限的幸福。

把你當ATM提款機、工具人、情感的垃圾桶等，讓你掏心掏肺的，你以為你付出了很多，可是在對方看來這都是你自願的，也許你在這個過程中，是不爽的，不開心的，甚至是憤怒的。可是，回歸到原點，為什麼會造成這樣的關係呢，有時並不完全是對方的錯，你自己也要負點責任，是你讓對方可以如此對待你的，是你自己縱容對方，表現出無怨無悔的。

對方既然把你當成「備胎」，就不是真心真意的愛護你，更多的只有謊言和欺瞞。你以為的「苦衷」最終不過是自己找「藉口」罷了！

如果雙方都是真心付出的話，對方也會做出妥協和讓步，問題是你堅持了嗎？因為害怕失去，反倒會讓我們失去得更多。唯有知道界線在那裡，清楚表達讓對方知道，才能將你所要的愛情導引至正確的方向。就算冒著失去對方的風險，你也該心裡有準備：與其浪費時間在一個不夠愛你的人身上，還不如轉身讓更好的人有機會來到你身邊。

當你願意脫離「備胎」的角色，才有機會遇到真正把你當「寶」的人，才能找到懂得呵護你的對象。

不管你面對感情的姿態如何，過去成長階段曾對你造成什麼樣的影響，這些都不應該是委屈自己的理由，你必須去面對這些課題。不要永遠停留在過去，或渴望別人來了解，自己心裡的關卡還是得由自己去解決。與其去發掘別人的價值，還不如提升自己的價值，唯有整理好自己的態度，才有資格去面對一段真心的感情，不致讓人趁虛而入，對你予取予求。

真正的幸福絕對不是施捨，而是站在平等點上，懂得去爭取、溝通才是建立起一段健康關係的起點。

自信的人總會閃耀出自己的美。

我們可以是好人，卻不必討好所有人

並不是每一個人，都配得上你的溫柔相待。不會拒絕的人，別人就容易覺得理所當然，反倒不一定能得到別人的尊重。

首先，我們得知道什麼樣的人會被發「好人卡」？當個好人不是好棒棒嗎？每個人都來找我幫忙，我看起來好忙、朋友好多，這樣不是挺好的嗎？

「幫我準備一下資料，等一下我要去拜訪客戶」、「你能幫我把上次的企劃案複印一下嗎？」、「○○，幫我倒個水」、「這個數據資料可不可以幫我看看」……

在辦公室裡，你會看到最忙的那一位，通常忙的都不是自己的事，而是別人的閒雜事務。在生活中，「他」或許是異性的「工具人」，可以幫忙送宵夜、送早餐；充當人家小貓、小狗的寵物保母等，只是最終的「男朋友」都不是他，這人卻甘之如飴。

上述這類人物，通常都擁有「好人卡」，表面上是別人口中稱讚的大好人，其實「地位無足輕重」。

大體來說，這類「好人」多半是個性溫和、善良體貼、異性緣好的人，他非常不喜歡和人發生爭執，而且當別人有求於他時，總是一口答應，秉持著「人飢己飢、人溺己溺」的精神……。我是不是說得太過頭了，感覺這種人只有「聖人」才能辦得到。那這種好好先生是「聖人」嗎？

當然不是。因為他不可能完全無私，他也有所求。圖的不過就是很多的朋友在身邊，感覺自己像是「很重要的人物」，在團體中獲得認可；從自己能為他人做多少事來評價自己的價值。當然，這當中還包括懷著另一種目的，譬如在感情上很渴望得到異性的青睞，因此無怨無悔的付出，希望最後能成為對方的另一半。就算沒有也沒關係，也甘心作為對方身邊的忠僕，似乎如此就感到心滿意足了。

只是當「新郎不是他」時，還能繼續保持著「大愛」的人恐怕少之又少吧！

有些人覺得這種人很友善，很好相處。有些人覺得他們的情商高。可是，真不是這樣。

歸咎其原因，「軟弱」是最大重點。沒錯！會被當成老好人的性格特質上，就是有這項缺點。他們總是怕得罪人，希望能面面俱到，希望每個人都喜歡他，也討好著每個人——特別是他所心儀的對象。

處處謙讓、處處遷就別人，通常對自己有某種程度的自我否定，因而將自己變得卑微不起眼，以致很少會第一眼吸引到別人的目光，存在感不高。一味討好別人的「老好人」，往往忽略了自己，反倒讓別人形成某種習慣，只要需要「差役」時，第一個就會想到他，自然而然成了大眾的僕人。

這樣日積月累的形象，等那一天拒絕了，反倒引起強大的反彈，被丟下一句：

「唉呦！你這人怎麼變這樣？」

好像他的付出是天經地義的，不容有所反駁。

這公平嗎?當然不!但只能說是「自找的」。因為失去了底限,在別人的印象中只是「好用」、「好欺」的老實人而已,並不會替你製造出更高的評價。

也許一開始真的是發自內心的善良……但久而久之,卻會讓人得寸進尺,把你的幫忙視之為理所當然,也抓住這樣的特點,變成了漫無限度的予取予求……

不知感恩的人,總拿你的善良當乾糧,貪得無厭去享受,得寸進尺的人,總拿你的遷就當肥肉,肆無忌憚去掠奪。

雖然說善良是一件好事,但過度的善心有時真的只會凸顯出自己的脆弱,反倒成為別人利用的工具。當初希望能引起別人的關注,到後來反倒成了理所當然的「被利用者」,越發不受到重視,跟自己當初的出發點大相徑庭。

因此,如果不想被發「好人卡」,更應該建立起自己的原則,讓別人清楚知道你的底限。適度的拒絕並不代表你毫無價值,提升自我價值往往比當個「爛好人」,更能贏得他人的重視。

不該縱容別人失了分寸

凡事要有度，預防勝於治療。

我們常常不喜歡別人那樣對待自己，不喜歡置身某種環境，卻又找各種理由說服自己離不開，於是日復一日，這是誰的問題？總覺得別人老愛欺負你，對待別人又是另一種態度？你所期待的回應總是落空，你不希望發生的事情老是發生在你身上？……在抱怨之外，我們是不是可以做些什麼？

有時，別人的一再越線，其實是我們縱容的結果，縱容別人爬到我們自己的頭上，還不知如何應對。

在《紅樓夢》中，抄查大觀園時，王善保家的人想仗著邢夫人的臉面，給自己一回威風的機會，伸手去翻探春的衣襟，嘻嘻哈哈地說：「連姑娘的身上我都翻了……」面對這個不懂規矩的王善保家的人，賈探春結結實實的賞賜了他一巴掌：「誰准你這樣放肆！」

探春的剛強堅持，守住了她的邊界，也守住她的小園子，保護了自己的丫頭：「我這人十分刻毒，但凡丫頭有些什麼，我都收了來保管著，你們不必搜她們的，只管搜我。」

而與此對比，惜春的軟弱退縮，令她被人步步欺凌，老媽子們把她的月銀吞沒，首飾典當，最後還落不著一個好字。

過去老一輩的人常教導我們：「凡事要忍耐。」但忍耐是最好的生存方式嗎？這無疑像是把頭埋在沙堆裡的鴕鳥一樣，你試著不去看見，但問題依然存在，你躲也躲不過。

人最怕的就是面對事實、面對自己，當我們一味去指責別人的態度時，卻忘了分析自己做錯了什麼？人與人之間就像打乒乓球一樣，你來我往之間造成了現在這個局面。你無法要求每個人都是君子，都道德感良好，但是我們卻能在有心人侵犯之前先發出警告，這是對自己最好的保護。

別以為無底限的給予、迎合或忍耐能換來美好的結果，沒有底限的寬容只會招致更多的放肆。

深夜一點多，我被朋友的電話吵醒，聽到她哽咽的聲音從電話那頭傳來，瞬間睏意一下就沒了。我以為她和前陣子新交的男朋友分手了，正打算安慰她，關心後才知道，原來是，朋友的新男友是「暴力情人」。當她告訴我，她的男友是如何把她拖下車痛毆，又跑到她家踹門大聲咆哮威脅時，讓我覺得很不可思議。

「為什麼不離開他？」這當然是所有朋友第一個反應。

「我沒辦法呀！我們有工作上的合作關係。」朋友哭喪著臉說。

後來呢？聽說她依然和那名暴力男友在一起，朋友勸也不聽，她身邊的朋友一個個避而遠之，深怕惹事上身。之後就再也沒有她的消息了。

「為什麼不離開？」這是所有人的疑問，大概有些人被虐待久了，也習慣痛苦。在旁人眼中很不可思議，相信也沒有人一開始就願意這樣的事發生在自己身上。但問題的的確確發生了，卻抱持著得過且過的心態，那怕知道他有劇毒，仍找一大堆理由搪塞，不願意離開，最後只能繼續活在痛苦中。然而，習慣那種痛苦是你想要的愛情嗎？這樣委屈求全的人生值得嗎？

很多加諸在自己身上不合理的行為，是因為我們的縱容，你允許一次、兩次的發生，到後來對方反倒變成無所謂，而更加肆無忌憚。所以，在一開始最好就告知對方，畫下你的底線，總比事後兩難來得好——像是「你已經投入了這麼多感情該離開嗎？」、「我好喜歡這個人我該放棄嗎？」

有時「為所當為」才是處理問題的最佳方式，而不是擺爛，你越是退讓，惡人就越張狂，這是不變的定律。

當別人欺侮到你頭上時，你要懂得反擊，這個「反擊」不一定是報復，而是清楚的讓對方知道踩到你的紅線了，當然最好是事先就透露，你不喜歡怎樣的情況發生在你身上，先打預防針，總比受傷了再來修復來得好。

有些爭執是你可以退讓的，但過度侵犯到你的權益，選擇默不作聲，別人不會認為你在隱忍，而是覺得「你好欺侮那我就隨意」。我們必須清楚這一點，才能事先做好因應，保護屬於你的尊嚴。

堅守原則

有時候你所堅持的原則，能讓你贏得更多。

小時候我被教育著：「當你對人好，別人也會對你好。」但進入複雜的社會後，卻打破許多我們曾以為是良好品德的觀念。這並不是代表我們所受的教育是錯的，而是當我們面對更複雜的環境時，應當學會如何調整自己的步調，讓自己處於不敗之地。

不諱言的，我們身處在一個「弱肉強食」的社會，在競爭場合中沒有人會因為你的委曲求全而多施捨一分，也不會因為你的善良退縮，讓你爭得一席之地。在地位還沒站穩之前，你必須先學習「堅守原則」這門重要課程。

沒錯，在人際關係的相處上，最重要的就是「原則」問題。一旦你失去原則，就會發現你的「好」，只是讓別人做出更過分的事情。

社會上講求的是「利」字掛帥，別傻傻的還以為周遭的人都會是你的好朋友、好同學，甚至是你的家人。很少有人能真的設身處地為他人著想，更多的是想著如何在別人身上「挖礦」。因此，如果你不替自己設下原則，有可能就是把自己退到無路可退的地步，到時才來懊惱，才想再爭取些什麼，都為時已晚。

說白了，人都有一種慣性，就像你在居住地生活久了，會習慣去哪家店買一瓶醬油，經過哪裡時習慣買個吃的、喝的，人與人之間的互動也是差不多的道理。不只是別人對你，想想自己在對別人時是不是也有某種「慣性」，你覺得有些話可以跟某個人講，對另一個人可能就是談風花雪月、吃喝玩樂的邀約而已，甚至在金錢往來上也是一樣。

我有個十幾年的好朋友就曾明示：她不會借錢給朋友，以免關係搞壞。但也有認識不久的朋友，卻會在聽聞你有困難時，主動伸出援手幫忙。你要衡量兩份友誼的差別嗎？說實在也很難。

一個是可以無話不談的朋友、另一個人在生活上可以給你實際的資助，卻是「話不投機半句多」的人，但這些都是「朋友」。因此當你遇到不同的人，你會清楚那份界限，用不同的方式去交往。同樣的，如果你是那種「予取予求」的人，無形中也會給人一種「不需要考慮就開口」，以至於善良的你很難回絕，最後造成自己的困擾。

每個人都有不同的狀況，能力也有限，尺度上的拿捏是你自己設定的，而不是要別人去猜。為了避免日後的困擾，還不如一開始冒著「可能得罪人的風險」說清楚。一旦你設下界限，慢慢的也會讓別人清楚你這個人，該講的才找你說，不該有的要求自然就會收手。

如果你問：「如果因為這樣而失去一個朋友呢？」

我認為一個不是真心想跟你往來的人，正好趁此機會看清楚對方的面目，「合則來、不合則散」，不是嗎？

一個喜歡你的朋友必定不會因為你擁有的原則而遠離你，就算心有「芥蒂」也不過是短暫的磨合，等時間一久，別人也會慢慢了解，而用另一種你能接受的方式對待。最怕是模糊不清，連你自己都難以把關了，還要求別人為你著想？

我想起一個歷史人物的故事。

春秋時期，魯國宰相公孫儀極喜歡吃魚。所以，那些想巴結他的魯國人都紛紛送魚給他，但他卻總是拒絕。

對此，公孫儀的家人感到疑惑不解：「你既然喜歡吃魚，有人送魚給你吃，你為何要拒絕呢？」

公孫儀回答說：「就是因為我喜歡吃魚，所以才要拒絕別人送的魚。如果我接受了別人送的魚，就免不了要替別人說話辦事，正所謂拿人手短，吃人的嘴軟，倘若對方要求我去做一些違反法紀的事情，我卻因為不好意思拒絕，最後我只能白白丟了烏紗帽。到那時，又有誰會送魚給我呢？沒了俸祿的我，就更沒辦法吃到自己喜歡的魚了。雖說現在我拒絕了別人送的魚，但我有俸祿啊，我可以自己買魚吃，若是接受了對方的魚，那總有一天我將無法吃到魚。」

擁有自己的原則，並非叫你做一個固執不通的人，而是在有限度的範圍裡耕耘你的人際關係。該幫的就幫，幫不上忙的也不要悶著頭答應，最後吃了虧也只能自己承擔，再來怨恨都是無濟於事了。

如何拒絕也是一門學問

「技術性」的拒絕別人，讓自己保有更多自我的空間。

有些人個性上就是很難對別人說「不」這個字，或許是出於禮貌，也可能是怕得罪人等等，關乎我們想得太多，以至於糊里糊塗就給別人一種好欺侮的印象。

「你要知道你並欠誰的，拒絕也不是什麼罪過，它只是一個選擇，這個選擇叫尊重自己的感受。」其實拒絕就是一句話的事，有時痛痛快快的拒絕了，反而不會招來麻煩。反之，當你礙於面子不好意思拒絕時，最終變成在麻煩自己。

不懂拒絕會造成生活上很大的困擾，過於有責任感的人把什麼事情都往身上攬，很認真地一樣一樣執行，結果自己忙得焦頭爛額，卻都不是忙自己的事。情況好一點的能得到別人的感謝，最倒楣的是忙了一圈還被人怨。

會這麼做的人都是心甘情願的嗎？倒也未必。只因為「不好意思」拒絕別人的請求，到頭來連自己的情緒都被拖下水，身體覺得累，心裡感到不爽。

另一種則是逃避的心態，隨口答應下來卻做不到，或者乾脆躲起來，這樣比不答應人家更得到反效果。

別人不會去探究其中原因，或是認為自己就是在麻煩別人，而是反過來指責你：「為什麼答應我了卻辦不到？」搞得自己兩面不是人，原本不想得罪人卻反倒讓人翻臉。

「懂得拒絕，是一種優雅。」香奈兒女士不只是時尚先驅，帶點叛逆的她更是許多人的人生哲學繆思，每讀一次都猶如當頭棒喝。拒絕是一門藝術，很多時候掌握不到要點，就容易把原本的美意變成惡意，傷了彼此的和氣，得不償失。

因此，要如何婉轉拒絕別人，又不傷和氣，給對方一個台階下，的確是生活上重要的一門課題。

並非一味拒絕，而是提出「替代方案」——

當你覺得幫不上，或是自己也很忙時，可以用拖延這個「替代方案」委婉拒絕。時間的拖延，可以使對方的請求變得沒那麼迫切。

與其以一句：「我很忙」，不如改用另一種語氣說：「唉呀！真不好意思，我手上正在整理一個報告，可能會忙到下班之後，明後天之後可能就有時間了。這樣可以嗎？」

如果對方真的很急，當然不可能等到隔天，自然會把目標轉向他人，這樣你不只得到解脫，也不會得罪他人。但如果你堅決「百分之百說NO」，說不定還會落得一個「很跩」的評語，比較起來似乎拖延戰術來得和緩多了。特別是一些重要的關頭，你好像不幫又不夠意思，幫了又耽擱到自己的正事，以這樣的態度正好適合處理這種狀況。

有時候需要善意的謊言——

如果你剛好也沒有什麼事要忙，只是單純不想配合對方，那麼找一個

「善意的謊言」推辭，也會是一個很好的方式。

不過先聲明這裡不是要教你說謊，而是想一個脫身的方法。你會發現與其直接拒絕別人，有時編個「善意的謊言」推託反而更容易脫身。只是這樣的謊不要太誇張，也要視對方與你的關係親疏遠近而定。

最常聽到的例子，就是當你要跟學校請事假可以編個「祖母做法事」之類的，當然祖母可能八百年前就去世了，千萬別跟親近的人編這種謊，那一下子就被揭穿的出糗比不說還難堪。

無傷大雅的謊言只是為了讓彼此都有台階下，不讓彼此之間有疙瘩，讓你免去被糾纏的麻煩，也可說是一種「拒絕的藝術」。

總之，不要勉強去做你不想做，或超出你能力範圍的事情，否則你不開心，對方也不會滿意。在答應別人任何事之前最好能三思，那些事到底值不值得你去幫?或是你有沒有能力去幫忙，如果不是的話就用一種不傷彼此感情的方式拒絕吧!至少還能替彼此留個後路。

要敢於說「不」，巧妙說「不」，這樣才會讓你左右逢源，讓你在社交關係遊刃有餘。

千萬不要因為「不好意思」而隨便答應別人，也不要因為心軟而覺得難以拒絕，先學會說「不」再是能力、情況給予協助，這總比先一口答應，卻又說做不到，讓人心裡比較好過一點吧！

停止糾結，不要過度解讀

有時候不是問題本身複雜，而是我們想得太多而做得太少。

很多人對事情很有想法，但落實到現實層面卻還有一大段差距，這就是為什麼成功者少之又少的原因。雖說如此，但如果你總是想很多，靠著想像，沙盤推演完成一件事的經歷，卻未將自己的行動力跟上，計畫不過是在腦袋繞了一大圈，甚至想得太多，反倒產生很多負面情緒出來。

試想，你是不是也曾胡思亂想過——包括剛剛一個人對你不好的臉色，一句刺傷你的語言，於是就開始想像「對方一定很討厭你」、「為什麼會討厭你？」、「對方一定也有毛病吧！」等等。

事實上，那個人可能只是剛剛碰到不好的事情，才把情緒擺在臉上，跟你一點關係也沒有，也許只是他隨口說說的話……

這和發白日夢不同，白日夢是無邊無際的幻想，可以是快樂的，令人充滿希望的。但鑽牛角尖卻多半是灰色、負面的，帶給人許多壓抑，這當然是最不好的狀況。

可能同事朋友一句無心的話讓你東想西想，認為對方不懷好意，像是在挑剔你什麼……而事實上可能說者無意、聽者有心，而你卻過度解讀造成心理的疙瘩。想想，人都有說錯話的時候，你卻因為無心之言讓平靜的心起了波濤。這些都是太鑽牛角尖的後果。

在沒有搞清楚的情況下，先入為主的認定他人一定是怎樣怎樣，這對自己與他人的關係都沒有什麼好處，而且會把彼此的關係推向更惡化的程度。

很多時候，別人沒那麼在意你，可是你因為害怕被討厭，期待被喜歡，而過度在意他人的表現。然而，你不知道的是，根本沒人討厭你。

有些話最怕悶在心裡不說，任憑漫天的想像力擴張，讓這些疑惑埋藏在心底只會讓事情更惡化。當你試著說開就會發現，事情往往沒有你想像中的糟糕，而你呢！不僅浪費了精神時間，無形中也對他人造成傷害，失去人與人之間的信任感。

美國社會心理學家費斯汀格說：「生活中的百分之十是由發生在你身上的事情組成，而另外的百分之九十則是由你對所發生的事情如何反應組成。」有些時候是因為有太多的私心雜念，有太多的要求妄想，讓自己累積了許多負能量，所以覺得生活很累，不堪負重，放下「想太多」的思緒，好好過生活吧。

別事先預設立場——

拋開人與人之間的關係，我們對事情的看法也往往會有兩極化現象。有些人，有些事，真的沒有必要去想那麼多，也許只是簡單可以解決的事，卻因為過度的想像而讓事情看起來變棘手，反而不敢去行動。

相信每個人都希望追求美好快樂的生活，但生活中難免會遇到波濤，當覺得不如意時很多人就愛想東想西，被過多的意識心困住，而不是情勢真的那麼難為。

與其無邊無際的幻想，還不如把那些想法化做實際的行動，當你把困擾你的問題詳細條列記錄下來，然後照著計畫按部就班去執行，你會發現做起來比想的容易多了。無論對於你的情緒或工作，都是一項正面的引導。

當你在面對問題時，如果能往正面方向去解釋的話，就不會為那些小事掛心，而是想辦法改善與解決問題，這就是面對它、解決它、放下它。

與其多想不如想辦法解決，這是健全人與人之間關係的方式，也能給你帶來意想不到的收穫。想贏得他人的尊重和喜愛，不如先從實際面開始著手吧！

承認錯誤並不難

能承認錯誤表示你是個有勇氣且肯負責任的人。

最近發現，有些人蠻喜歡睜眼說瞎話，甚至謊言被拆穿了，還一副「沒這回事」的樣兒，真讓人嘆為觀止！不知道是出於習慣呢？還是這樣的行為讓他討到好處過，但任何錯誤的行為背後自然會付出代價。當以為可以逃得過一時，最後還是會被發現事實真相，而影響別人對你的觀感。

最近去辦一項業務，我找了一個長久合作的委託人，會選擇他的原因是之前對方告訴我，他也辦過這樣的案件，是我合作對象的客戶之一。當時我把這件事放在心上，過了幾個月決定辦理時，第一個想到的就是這個委託人。

當然委託人是可以獲得一筆佣金的。當我找上對方時，對方當然很高興的立刻著手進行，事情進行到一半，某天我在對方車上提到了他曾是那間公司客戶的經驗，順便問了起來……

「我哪有跟你說過我是那間公司的客戶，我說的是我朋友……」忽然聽到他這麼回答，我愣住了。「可是你明明說是……」

「你聽錯了，我說的是我朋友，不是我。」

於是我們在車上爭辯起來，他死不承認說過的話，又說他講這些對他有什麼好處？

我則反問：「那為什麼我會記得你是這麼說，如果我說謊，對我又有什麼好處呢？」

對方就是一口咬定、死不承認自己曾說過的話。最後我真的累了，於是放棄繼續浪費時間在這上頭。因為對方既然不願承認說謊，你能拿他怎麼辦？

自從這件事之後，我開始對這個人產生極大的不信任感，結果會是對誰有傷？一個慣性說謊又死不認錯，一旦被傳出去，相信會影響不少人的合作意願。今天可能不是我，你如法泡製在其他人身上，只會讓名聲惡化而已。

我很想問的是：承認錯誤有這麼難嗎？

許多事情是就是是、非就是非，或許表面上爭贏了，暫時替自己留住了面子，但卻失去了裡子。因為離開之後，別人怎麼看你，又是另一回事。事實總是會浮上台面的，只是時間的早晚而已。

如果我們希望贏得別人的信任和尊重，能承認錯誤是很重要的一環。

人非聖賢，我們都難免有說錯話、做錯事的時候，別說要人提醒，有時候自己也明明知道，但僅為了一個面子問題，而閃躲問題核心，反倒會更讓人瞧不起。原本可能只是一個小小的失誤，最後影響整個人的形象。

要知道給人的印象一旦定型是很難改變的。你以為包裝完美，事實上在他人眼中卻千瘡百孔，與其花心思去和人爭辯，想更多理由去圓謊，還不如承認自己的錯誤，這才是一種面對的勇氣。能面對就懂得去修正，反而能引起他人的改觀。就算別人還是會有一時心裡的不舒服，但大多數人還是很能接受一個願意承認錯誤的人，這代表你願意改善，誠心誠意的為做錯的事負責。

當然要承認自己的缺點很不容易，但把這當成一種教訓，也能警惕自己不要重蹈覆轍，比那些只會指責他人的人，更能贏得大家的肯定。

宰相肚裡好撐船？

別當個好壞都照單全收的人，只是在浪費自己的時間及情緒。人的忍耐都有一定限度，事先預告，才不至於超越那條黃線。

前段時間我也追了電視劇《三十而已》，內容是關於三位三十歲的女人在生活、工作、家庭的不同追求。「女人三十的隱忍，是接得住打擊，也放得下面子。」也許很殘忍，但其實這是種真正成熟的智慧。

懂得對人寬容是一件好事，也是一種美德，但這也得有個限度，因為過度的寬容有時反倒會害了自己，讓自己成為大家公然欺負的對象，等你意識到這種欺負想要反抗時，你們的情誼大概也破碎了。

因為你不是別人的父母長輩，沒必要一再原諒那些利用你的人。要知道人有一種「得寸進尺」的壞毛病，你一再包容的結果，可能更加讓對方肆無忌憚，欺到頭上。

不諱言的，有些人就是以消費別人的時間為樂，當他需要你時拖著你，等你真的需要幫忙時，他跑得比火箭還快！

這時你可能會開始反省自己：難道我做得還不夠？對人還不夠好嗎？當然，這些通通都對，但你忽略了反省一項：「是不是我對人太好。」

「對人太好」也是容易成為被忽略的選項之一——因為你的不計較，反而讓人最後一個才想考慮到你的心情，根本不在乎你已經在心痛邊緣了。

這好比在工作上，你會把簡單的事情放在後面，先解決棘手的問題。在感情上，對心儀的對象總是表現最好的一面，轉頭對「哥兒們」又變成另一副模樣，這就是對人對事的輕重之分。

不要以為對方一句：「我們都這麼熟了！」就能讓人心裡得到平衡，其實每個人都一樣，都希望自己是被關愛而不是被忽略的。因為太過「寬容」就可能產生被人忽略的情況，總以為你什麼都可以，對你講話也變得很隨便。

有時「沒關係」會變成「有關係」——

一位女生朋友有一次抱怨樓下管理員對她動手動腳，讓她心裡很不舒服，想去提告又怕對方和管委會的背景，萬一對方繼續再這裡工作，那她日子不是更難過了。

當我問起為什麼那個看起來很老實的管理員會有這樣的舉動，其實是這位朋友個性本來就比較活潑，有時和管理員聊得太熱絡，後來就變成對方開始手來腳來的，讓她覺得很莫名其妙。

經我一問之下，才知道管理員之前曾給她一張曖昧的紙條。

「我看了覺得很噁心，就隨手把它扔了沒去理。」那位受害者說。

「然後呢？」

「就剛好我生日……他買了蛋糕送我，我也不好意思不收。」

「他怎知道你生日？」

「就是我出門時隨口說出來的呀，誰知道他會記在心裡，結果弄成這樣……又不是我的錯！」說著說著「受害者」就委屈的掉下淚來。

聽著她的敘述，大概也清楚一二了，原來她一開始收到那張字條沒處理，像是給了對方一種「鼓勵」，才會有接下來越來越逾矩的舉動。據她的說法是：「因為我不想責怪他，那只是無聊的字條而已。」也因為一開始的漠視，讓人以為「受害者」接納了，而開始有進一步的幻想和行動，這一點受害者是需要檢討的。

只是事情發生之後，不知道她這回有沒有勇氣去質問管理員這件事了？向人提出抗議也需要一些勇氣，對於感到被侵犯，更是不應該去迴避這樣的問題。你的包容經常會被當作無條件的接納，甚至像是鼓勵別人這樣對你一樣，這是萬萬不行的。

讓別人步步進逼時，你不是一退再退或找地方躲藏，必要時也要予以反擊，明確的跟對方劃清界線，讓對方知道你真的不高興。別一味的忍讓，否則只會養大對方的胃口，讓自己得不到尊重，這就不叫「寬容」而是「縱容」了。

慣性帶來的傷害

不要讓自己成為連自己都討厭的人，首要就是從改變習慣開始。

為什麼有時我們會一直做出傷害自己的行為，連自己都無法控制，當別人開始質疑時，恐怕連自己也說不出個所以然，歸咎出問題核心無非就是：「一切都出於習慣。」

這可能來自童年的陰影，也可能是受到父母長輩或環境的影響，讓我們默默養成的缺陷，像是會擔心被周遭人排斥，不得不做出違背心意的事，跟著眾人起鬨，老是挑到不對的對象，習慣性的依賴，習慣性遲到等等惡習，把自己的生活搞得一團糟。在你身處原本的環境下或許還過得去，一旦離開那個舒適圈恐怕處處碰壁，讓自己處於最糟糕的情況下。

當然不是每個人天生就是十全十美，很多習慣都是後天慢慢養成的，除了家庭給予的教育，我們時時刻刻都接收到來自各方訊息，而慢慢變成一個「你自己也不喜歡的樣子」。

曾經有一個親戚，他的節儉到了刻薄的程度，和人出門聚餐帳單總是分到仔仔細細，能不花錢絕對不花，要是別人能請客當然是最好囉！家裡連叫個瓦斯桶洗熱水澡都不願意，偏偏對方收入又不是很低，卻讓人無法想像他的「摳門」。

一問之下，才了解到他曾經在國外留學，跟家裡起衝突而被斷絕金援，讓他度過一段非常克難的日子。因此對金錢的使用變成了一種龜毛的態度，這樣的影響讓他已屆中年，還沒辦法交一個女朋友，沒有人願意與他共同組織正常家庭。

另一種極端例子則出現在一個好朋友身上，和他認識後才發現，表面上看起來灑脫的他，沒想到卻很怕身邊的人大小聲。只要別人有一點發怒的跡象，他立刻露出驚慌的神情，看起來像是受驚的孩子不知所措，的確讓初識他的人覺得很訝異。

後來才了解到小時候他的父母很常吵架，吵得不可開交時母親還離家好幾次，這養成他很怕有人生氣，只要身邊人一大小聲他便產生無名的恐懼。不過他很難向人解釋這些，導致每次交女朋友，只要對方一吵架就分手，也因此換過不少女友，感情一直定不下來……

這類的人都是因為人生一段經歷，造成對婚姻感情的卡關，問題已經算是嚴重了。而關於其他生活上的小細節，雖然看起來輕微，但長期累積還是對未來產生嚴重影響。

像是愛疑神疑鬼，總是對事情充滿負面念頭，這些都形成一種人際關係的障礙。因為無時無刻對人產生不信任，懷疑他人的舉動，也弄得別人跟著緊張兮兮，最後讓人跟他產生隔閡。

其實很多事情本身的狀況都是可以控制的，而我們卻習慣性讓自己走向不幸的命運。

想到這裡，又怎能在一個壞習慣開始之前不事先警惕呢？非得讓那些不良行為在身上烙印才來後悔，為時已晚。

其實要改變自己的命運不是不可能，得先從習慣著手。雖然起步艱困，但都還是能靠意志力去扭轉的，既然錯了就別一路錯下去，當下就做出改變，只要立刻行動，開始改變，沒有不可能的事。

你拿他當朋友，他拿你當擋箭牌

當別人自私時，你也別顯得太大方。

有些人很害怕自己去面對問題，當發生狀況時第一個想到的就是找人來當擋箭牌，覺得把問題丟到別人身上更容易，於是雙手一攤沒事走人，而倒楣的就是那個替死鬼。

這就跟衝鋒陷陣讓別人來，自己在背後不斷提出餿主意，成功了自己有份、失敗了與我無關一樣。如果你是被推上「前線」的那個人，事後想來恐怕會氣得牙癢癢的吧！

還有這種人會不明就裡的成為一個犧牲者，分析其中的原因，不外乎是一種「英雄主義」作祟，希望得到他人的肯定，也證明自己是很有勇氣等等，把事情想得太簡單，認為這樣的問題捨我其誰，於是成為砲灰。

「跑第一、衝最快」在某些場合適用，但放到某些場景就顯得太過衝動和天真了，以為社會就像運動場上一樣單純，凡事只需要憑實力便可，殊不知當你身在複雜的人事競爭之下，衝過頭往往成為第一個犧牲打。

通常喜歡推人到前面擋子彈的人，其實是最不會替人著想的，也是很自私的人，在他人不明究理之下成為被利用的工具，其實是最懦弱的傢伙。

有些人愛打抱不平，看到別人被欺負總是想替對方出頭，被慫恿幾句就覺得「捨我其誰」，不去幫忙「幹架」就不是朋友什麼的，於是傻乎乎的被推到前線，結果除了幫人擋子彈落得一身傷之外，還得到什麼？

當然另一方面來說，你會是那個「強者」角色，只是在這種狀況下只能稱之為「逞強」，而不是真正的「勇敢」，成為這樣的「角色」說起來是很不值得的。

想表現自己助人的品德有很多方法，你可以提供協助和建議，真正要解決事情的應該是當事者，而不是你這個旁人。不管對方如何動之以情，但真相你又真的了解多少？

過去一位同事就因為護著另一名同事，向主管掛保證，表示對方一定會在時間內完成交代的任務。結果事後才發現，那名同事能力不足，幾乎得從頭幫到尾，甚至又因為那名同事仗著「公司紅人」當靠山，開始欺負其他新人，讓原本要幫忙的同事看不過去。

最後還因此得罪客戶，連帶原本在公司很受器重的熱心同事，因此而與晉升擦肩而過，還差點因為被扯後腿而遭公司開除。後來他感嘆的說：

「我真是看人看走眼了！」

這時再來後悔已經來不及了，把他推到前面當擋箭牌的同事正好整以暇的，到另一個部門當主管了，可以想見這位同事心裡有多嘔！

有些時候我們需要把自己跳脫當時的情境，才能看清楚真相。一時被激發的情緒往往是給自己找麻煩，最後還是得自己去收拾殘局。這時沒有人會感謝你，只有被笑「傻瓜」的份。

我們要學著當聰明人，而不是當一個聰明反被聰明誤的傻子，有時當一個旁觀者，也能展現支持的力量。千萬不要因為怕得罪人而衝過頭，讓自己無緣無故背黑鍋，再來懊惱自己太講義氣已經來不及了。

捨棄不必要的應酬

多留點時間給自己。

現代人都怕孤獨，特別是離家在外打拚的遊子，「群體」或「朋友」往往成為生活中很重要的環節。於是我們不可避免的去參加一些活動或應酬，希望能拓展人際關係，給工作和生活帶來更多的機會和活力。

當然有些交際應酬是必要的，但有些則是一種無聊的揮霍，你能辨識得清楚嗎？

現代生活中，娛樂往往是最昂貴的消費，可能超過一天餐費的數倍甚至更高。即使由別人買單，也別以為占到了便宜，因為幾次下來那種「風言風語」會讓你吃不消，甚至懷疑自己到底是得罪了誰——不是說好有人買單嗎？為什麼最後我卻被批評是占人便宜了？

但真的很不幸，現實環境就是這樣。不管自己掏腰包或別人請客，如果我們總是喜歡去湊熱鬧，最後的結果是有點悲涼……

排隊也成了某種應酬方式——

好吧！就算是現在年輕人最「時尚」的排隊好了，看起來像是最不花費的「某種交際方式」，但消耗體力又浪費時間，算來算去都很不划算。如果能利用這些時間多看點書，或是從事自己的嗜好，是不是更有意義得多。

真正的「伙伴」應該是和你走在同樣道路上的人，大家彼此交換興趣或嗜好及工作心得等等，這才是對人生真正有助益的，而那些老是邀你一起去「排隊等候」的人……你覺得呢？

酒肉朋友的聚會——

首先，你要認清什麼是酒肉朋友，什麼是真友情，那些老是喜歡找人湊數、愛熱鬧的人們，通常你對他們來說，只是「人頭」而已。這種人經常會出現在我們身邊，而且一開始對你相當熱情，但言語中往往透露出一種「炫耀」、「炫富」的性格，言語無味卻又自以為幽默——沒錯！那就是你碰到酒肉朋友了。

雖然你像是被歡樂包圍，內心卻感到無比寂寞，因為沒有人願意認真聽你講話，所有的交談都是無比空洞的內容。當你在這種場合會覺得全身不對勁，當然對你的人生也不會有任何助益，甚至是一種浪費。

真正的友誼是相互傾聽、彼此關懷的，就算眾人聚會也會讓你有一種舒服暢快的感覺，如果是這種狀況，那恭喜你！真的找到一群適合你的團體了。但如果只是因為害怕寂寞而勉強湊合去參加聚會，那只會讓你感覺更失落，你所渴望的幫助永遠不會出現，只是徒然浪費時間及精神，甚至有損荷包。

在生命的過程中，我們會不斷地遇見一些人，也會不停的和一些人說再見，從陌生人變成摯友，從黏踢踢的閨密變成熟悉的陌生人。任何關係都需要兩個同樣用心的人，更別說有的人從來沒把你當朋友，只是應付著你，或是長期帶給你負面感受的人

其實，你真正需要的是真友誼，而真正的朋友即使一、兩個人也就夠

了，他們會替你招致更好的能量，也能真心為你著想。少去不必要的應酬，除了工作上的因素非去不可之外，還能替你省下一些時間做自己的事情，從事你真正的興趣，那才是讓生活充實的主因。

除非你本身就是個生意人，否則只是為了交際而出現的應酬場合能避免就避免，畢竟那些人出現在你生活中也是蜻蜓點水，見一次面從此風馬牛不相干，那又何必呢？不如多留點時間給自己，你會發現讓自己過得充實的方式還有很多，而且對自己的成長更有助益。

請真誠地去擁抱當下、擁抱自己，要對自己好、對愛妳的人好，
好好地珍惜再珍惜，每一個你都是不可取代的。

CHAPTER02

調整好自己的心態

當你的愛很飽滿的時候，你會發現自己看別人的眼光都會是明亮的。你會看到每一個人都有你該學習、可愛的地方，不太會去批評或是比較。

——歌手 蔡依林 JOLIN

培養責任心

一個對自己負責的人，也能對他人負責。

如果一個人缺乏責任心，那麼他適合孤獨終老，但責任心太多、不分遠近親疏的話，結果大概是累死人還沒人領情。責任心氾濫的人通常缺乏自我意識，有自卑傾向。外在表現就是「過分在意別人的態度」，而缺乏「以我為主」的原則。

那麼，有責任心是優點，還是缺點？

我認為培養責任心正呼應了「自己做決定」的意義，當你懂得由自己做出決定，也是踏出為自己負責的第一步。因為無論你選擇哪一條路，是自己做出的選擇就無須再怪東怪西去怪罪於他人，所有的好事、壞事都得自己承擔，這是必須要有的認知。而這當中有一點需要心理建設的就是——你什麼時候覺得自己真的已經是大人了？

做為一個成熟的大人就必須意識到，你已經是自己人生的主宰，不能再遇到挫折像小孩一樣哭鬧，回去找爸媽尋求幫助。一個大人更不能畏縮，以為凡事都要有人可以安排得好好的，只要坐上車就可以直達成功的彼端，那只是一種兒童期的停滯，無法真正幫助你得到想要的人生。

成為負責任而且成熟的人從來不是一件容易的事，你可能在過程中跌跌撞撞，但卻不會有人告訴你該怎麼做，跌疼了也得自己擦擦藥，咬緊牙關站起來，但當你學會足夠的獨立自主，也就掌握了人生的方向。

其實身為亞洲人的關係，我們的成熟期似乎比西方國家的人更晚了些，因為我們都對家庭的依賴性更重，或許換個說法是：父母似乎在孩子長大後還很難放手，讓很多亞洲國家的年輕人即使外表看起來已經是成人了，但內心卻失去照顧自己或獨自追求夢想的能力。

往往我們會看到西方世界的年輕人，在大學時代或高中時期就背起行囊獨自遠行，這就是一種獨立的開始。當一個人被丟進一個陌生的世界，會讓人快速長大，因為你必須懂得怎麼適應環境，面對陌生人，沒有人可以訴苦、也沒有人義務要幫你什麼，你必須開始一個人勇往直前，讓走向世界的每個角落，然後獨自面對問題，解決難關。

你覺得困難嗎？

其實換一個角度去看會覺得更有趣。因為未來就像旅行途中的未知，你不知道會發生什麼，也可能從來沒碰過的問題——一旦你成功克服，所帶來的喜悅及成就感將是難以形容，憑靠著這些經驗一步步走下去，你會對人生充滿信心，對自己也更加自信。

成熟就是讓我們學會如何去負責任及處理問題，變得更有智慧。這些經驗是別人拿不走的，也沒有人可以取代。也許你會問：「萬一失敗了怎麼辦？」要想到沒有人是永遠一帆風順，當我們看到那些很厲害的人，誰不是面對無數的挫折，才形成今日的成就呢？把失敗當吃補，換一種心態去面對，得與失之間往往形成一種平衡，你的失敗就另一方面來看可能讓你有更多的獲得。

當我們懂得獨立去面對問題、解決問題時，其實已經開始邁向負責任的第一步。當你學會對自己負責，也會開始懂得更體諒他人，能更全盤考慮狀況，讓事情有最完美的結果。

從一個依賴他人到被別人所需要的人，這就是一種成熟。懂得為自己做些什麼，也為他人付出，不僅可以成為自己的貴人，也能成為他人的貴人。

別急於「昭告天下」

想要成功，先學會低調行事。

高調也好，低調也好，一定要分清場合。

那些高調的人，有一點成績，就洋洋得意，到處炫耀，到處宣揚，費盡心思讓別人去關注，只為了博取別人的眼球，這樣的人，看似有人奉承幾句，其實內心永不踏實。

如果你仔細去觀察，那些成就非凡無可取代的人物，往往行事低調。其中很簡單的道理就在：當你越是高調談論自己，反而特別容易成為箭靶，因為多的是後浪想把前輩埋在沙灘上。

特別是在連地位還沒站穩之前，就開始大鳴大放，更是犯了大忌——相信你應該不會希望還在為生涯衝刺時還得應付後頭的「暗箭」吧！任誰有三頭六臂想必也應付不來！

這沒有什麼特別高深的道理，就是社會生存競爭越來越激烈，你擁有的能力可能很快別人也會有，特別是那些本身沒什麼創意，又見不得別人好的人比比皆是，一旦稍有疏忽便群起而攻之，站在浪頭頂端的人更需要有這樣的認知。這不是因為「後浪」特別團結，而是人們為「利益」的集結所致。

你可以說現今社會沒什麼是不可被取代的，你可以把自己放得很大，也可以是無足輕重……因為許多價值是隨人定義，就好比一個清潔工對髒亂環境是非常重要的，但關起門來那可不是他們管得到的地方，那些物理學家對一般尋常百姓而言，覺得跟天邊一樣遙遠，勞工階級的人覺得顧飽肚子比追求夢想還重要。這就是站在不同立場所導致不同的看法跟需求。

即使沒站在高峰的人們一旦高調，還會落為「驕傲」的評語，更何況還沒真正達到顛峰，站在一個無可取代的地位，太早表現出勝利者的姿態，更是成為他人的眼中釘，左算右算都是一點好處也沒有的。

許多事情壞就壞在人的大嘴巴——

因此你會發現行為低調的人反而容易成功，他把自己藏在凡人之中，你甚至很難發現，最後一鳴驚人。

過去採訪過一些藝人，後來成為非常走紅的明星，發現他們都有一個共通的特質，就是成名前十分低調，你發現他們經常是在一個角落裡，沒上妝之前你甚至以為是路人甲。演藝圈算是一個非常複雜的社會縮影，在那個圈子都已經如此，更何況是一般的行業呢？

一位西方思想家蒙旦就曾說過：「我從未發現有像沉默這麼好的措施。」低調有時像一種武器，最能保護你的盔甲。而沉默少言的人往往更容易得到他人的信賴。

因此，你必須先知道自己的優勢在哪，並調整自己的不足，努力學習當個無可被取代的人，而不是先去炫耀你有些什麼，如此才能在最後立於不敗之地。

一個人，若是缺乏自信，內心充滿自卑，便少了一些質感，這樣的人有一點成績，就想去炫耀，滿足內在的虛榮感和存在感。

一個內在豐富的人，舉手投足都充滿自信，反而什麼都不需要炫耀。

謙虛謹慎，不張揚，少說多做，不與人惡性競爭，並且堅信自己的能力，不急不躁，心態平和，慢慢成就最好的自己，相信你的人生一定精彩漂亮。

勇敢嘗試，你會找到自己想要的生活

沒有人是完美的，正因如此，讓我們有更大的空間去改善，並且證明自己的力量。

人生是不斷修正的過程，最後才能讓我們更成熟、更有智慧。因此不要怕犯錯、也不要害怕承認自己的不足，因為唯有面對缺陷才能督促我們改進，盡可能接近完美的程度。

尤其在科學領域，更經常出現類似的例子——像是英國著名的物理學家兼化學家法拉第，原本出生於一個貧苦的鐵匠家裡，少年時還必須輟學當報童，幫助家中的經濟。在十四歲時經人介紹，他進入一家書店當學徒工。在許多人眼中，像他一個沒有經過正規教育的人，幾乎就注定成為底層勞工。但他利用書店打工的機會，埋首在自學領域中，並把省吃儉用存下來的錢，拿去做簡單的電學與化學的實驗。最後終於遇到賞識的貴人，讓他在科學領域更上一層樓。

最後他在電磁學領域獲得巨大成就。在一八八一年巴黎召開的第一屆國際電學會議中，特別還將電容的單位命名為「法拉」，奠定了他在科學界的地位。

有人說：「英雄不怕出身低」，路是人走出來的。方法也是人想出來的。或許我們無法胸懷大志，但擷取那些成就人士的精神，至少也能為自己創造一條路出來。

別害怕承認自己生命中的缺陷，甚至用盡各種手段想粉飾太平。其實就算騙得了別人，也騙不過自己，最後還是得自己去面對。與其如此，還不如把精神花在如何改變得更好，這才是你能真實擁抱屬於自己的人生。

難免我們都喜歡聽到讚美而不喜歡批評，所謂「良藥苦口」，有時候批評不見得是不好，只是當下的情緒過不去。事後回想，可能正代表著一種良心的建議，提醒你所沒發現的問題點呢？

一生過得如何，從來就不需要別人來打分數，你才是那個有資格說自己好或不好的人。對於好的批評我們虛心接納，如果是惡意中傷那大可不必在意，因為我們需要不斷進步而不是讓自己陷於困惑的泥沼中。要如何分辨這兩者之間的差異，重點就在於其中一個是有建設性的，另一種則是在摧殘別人的意志，對事情的進展一點幫助都沒有。

當我們懂得從錯誤中學習，扭轉原本的劣勢，才有可能得到你想要的東西，像是名聲跟成就感。那些不會是一蹴可及，而是一點一滴的付出，經過時間的累積去證明，其實你比別人想像中還要好，你的努力值得掌聲。

輸跟贏也是一念之間，有不服輸的意志才會將我們導向成功，才能獲取我們所想要的。對於那些挑釁的言詞，跟它認真你就輸了。不如遠離那些不斷挫折你心志的閒雜人等，你沒有多餘時間跟這些人打交道，而是把精神花在提升自己的能力上。

當我們一點一點改進那些缺陷，也代表著我們更加往目標前進，正在通往美好生活的道路上，至於沿路出現的小惡魔就閃開，免得壞了你的大事。

人生從來沒有固定模式，所有的清單都該私人訂製

凡事先學會思考，再做決定。

你是否發現，當你跟別人訴說現在的困境時，總是會有些人愛亂出主意，裝出一副很懂似的告訴你該如何如何，甚至還舉出自己的例子等等……當你受到激勵或是「啟發」，開始意氣風發打算踏出一步時——先等等，這時你有沒有反問自己適不適合這樣做，做了之後有什麼後果？萬一成功會是怎樣？失敗了又會如何？有沒有列進你的考量之中。

這是我的切身之痛——

過去我也曾經傻傻的聽從一些朋友的建議行事，但多半後悔居多。如果你想回頭找那些令你損失慘重的「出主意者」，對不起！對方不是裝傻，就

是拍拍屁股一走了之，讓你又恨又無奈。

這並不是說每個人給你的建議都是錯的，而是自己錯估情勢。因為有些事放在別人身上行得通，但你同樣照著做結果可能大不相同。

如果不去分析別人建議背後的因素：或許包含了不正當的動機、也可能對方只是隨口胡扯而已，但你卻認真起來，最後倒楣的會是誰？

你所損失的，可能必須花費許多青春去彌補，甚至讓自己跌得更深、更重，而你的痛也只能自己承擔，沒有人能代你受罪。

因此特別遭逢困境或人生谷底時，更需要花時間去考慮一些決策，更加不容草率，因為你已經沒有什麼本錢再輸了。

要如何明白同樣的事情發生在別人身上跟自己是不同的，這其中包含許多複雜的因素，當然隱含著個人經濟能力、人脈、教育、家庭等等因素。你絕對不可能成為別人，也無法完全複製別人的成功。當然也沒有人可以取代你。

因此當別人告訴你該怎樣做時，你必須有足夠的智慧去判斷：這樣究竟適不適合？同樣的結果是否真會發生在你身上。

這就好比一筆投資，別人一大筆資金投下去，他可能不用考慮往後日常的生活開銷，又或者賠光了還有背後的金援等等，但你呢？你能嗎？不去考慮背後的因素，計算自己能承受的風險，一旦事情不如你所想的，你可能一步錯就再也難以翻身。

這也像同一份工作有些人甘之如飴、有些人卻度日如年……有些人喜歡關在一個房間鎮日從事研究工作也不嫌煩，但有些人適合外頭的海闊天空，喜歡與人交際，如果你不夠了解自己，當然很容易會人云亦云，而讓自己陷入進退兩難的局面。

特別當自己最脆弱時，往往別人的一句話影響會加倍放大，無論那些是傷人的話或是正面鼓勵，當然也包括別人亂出的主意。

你可能會抱著「乾脆死馬當活馬醫」的心態，但此時有沒有想過，你已經沒有輸的本錢了。

因此當你聽到一個人的建言時，首先分析一下對方的背景跟智慧，如果平常都不是什麼值得敬佩的人，最好馬上關上門，免得受其影響。

要是你覺得對方提的意見有幾分道理時，也別忘記衡量一下自身的狀況，在條件不對等之下，未必會有相同的結果，這是你必須明瞭的。

套句俗話，就是「別病急亂投醫」，萬一不幸遇到了庸醫，一輩子都不夠賠。

別再以他人為中心

我們的不滿和焦慮，大多來自於每時每刻和別人做比較。我們習慣於參照別人的輝煌，然後對比自己的暗淡。盲目的比較只會讓自己陷入虛榮的泥沼。

美籍華裔作家伍綺詩在她的著作《無聲告白》裡有這樣一句話：「我們終其一生，就是要擺脫他人的期待，找到真正的自己。」依賴會成為一種習慣，讓你不知不覺以他人為中心，認為任何事情都可以靠別人來解決，這等於把生命託付給別人一樣，是非常危險的行為。一旦對方出了狀況，自己的生活也隨之瓦解。

每個人到了一定的年齡，必須學會獨立思考，並學習為自己未來負責任，因此生活上處處依賴別人，會讓周遭的人備感壓力，因為沒有一個人需要負責你的人生，即使是親人也一樣。人心是複雜的，彼此的關係隨時都可能改變，何況人都有情緒及自私的複雜心思，一旦利益相衝突時，再好的朋友也可能成為你的敵人。

這樣的例子比比皆是，有人因為作保而負債累累，舉凡標會、借貸哪樣不是從最親近的人開始著手。因為我們太過信賴對方以至於失去了戒心，那麼損失也就一點也不意外了。

依賴他人，是一種懶惰的行為——

會對他人形成過度的依賴，有時候是來自懶惰的心理，不想搞懂事情的緣由或者習慣把一些看起來瑣碎的事情假借他人之手，慢慢地讓別人握有了掌控權，等到有一天別人將你出賣，把問題鬧大了，你往往是最後一個才知道。

有位老闆原是藝文界出身，後來轉行從商，但是由於對數字的概念不在行，於是經由好友介紹，找來一位會計師替他打點帳務。

這位會計師很能幹，替他處理了許多怎麼也搞不懂的帳務問題，慢慢地老闆對這名會計師非常放心，下放很多權力到會計師身上，最後甚至連公司的人事決定權，都操控在他之手。原本跟著老闆一塊創業的業務經理，因為和會計師相處不來而被排擠，公司幾位開國元老也被一一逼退，離開了公司。

雖然不少耳語傳到老闆的耳中，但只要會計師的三言兩語，老闆便立刻採信。過沒多久，公司裡高官要職都變成會計師安排的人馬，這樣的行為看在一般員工眼裡，都覺得很不服氣，但因為會計師在公司的地位顯赫，大夥兒也只能敢怒不敢言。

終於有一天，老闆在國外出差，卻臨時被通知支票跳票了，等他趕回公司，會計室早就人去樓空。這時他後悔也來不及了，只能怨自己沒有親自盯緊財務，因為過於依賴別人，導致公司幾乎快倒閉。凡事不願意親力而為，花時間去了解，你以為省下這點時間是一種效率，但是等危機出現，才發現那將會花費你更多時間及精神去彌補。

依賴心從小處養成——

有時候我們會因為身邊的人太能幹，或是隨時可以找到能幫忙的朋友，而慢慢養成了遇到麻煩事，便想找人幫忙的習慣。這其實不代表你「命好」，而是你已經漸漸失去危機處理的能力。想當然，喜歡麻煩別人的人，在時間的安排上也必定是有問題的。心理學家指出，事業上的成功者，需要安排時間開會時，他永遠能抽出空來，反而是庸庸碌碌的人們，他們看起來應該很閒，但卻很難安排自己的時間。

過度依賴，絕對是讓自己變得懦弱的主因。當遇到困難，一旦開始找人求救，便失去隨機應變的思考能力，不論在生活或是職場，都是很大的致命傷。

重新再出發

有些事到此為止，有些人不必再眷戀，唯有如此幸福才能來到你身邊。

想改變永遠不會太遲——

當我們受不了自己的狀況，無法忍受周遭人的眼光，包括經常扯後腿的朋友及一個令你食之無味棄之可惜的工作等等……當你對生活種種瀕臨抉擇時，正是生命在對你發出警訊，你可以選擇扭轉局面，或是繼續頹廢下去。

對於自己的人生，我們都需要設好停損點，當沉落到一個點之後，就別讓情況繼續再惡化下去，否則永遠難以翻身。

誰都希望擁有一個令自己滿意的生活，快樂的人際關係，但世事不盡如人願，有時候不小心也會踏錯方向，踩到整腳狗屎。這時候你選擇怎麼辦？

裝作沒看到，還是趕緊處理乾淨？相信很多人都會選擇後者，但對於身處的惡劣環境為什麼又不能及時清理乾淨呢？

生命中最令人扼腕的是從不想改變，任由命運來捉弄我們。

把那些失意事都當作不小心踩到狗屎一樣，清一清再往前走，而不是繼續帶著一身臭味，讓自己及周遭的人難受。

小涵在人生最低潮的時候，開始頻繁跟一個朋友A接觸，對方算是唯一會花時間聽她訴苦的人。但每次小涵抱怨完之後，心情反而更低潮，原因就在對方聽完後，往往給了一堆很不中肯的意見，這跟小涵的觀念天差地遠……

「你幹嘛把錢拿去幫助別人，就算投資輸光也比較甘願」、「那個地方的人本來就很沒水準」等等歧視的言論。雖然小涵的確是被朋友拖下水，騙到失去房子車子，但心裡卻不太能接受這種一概而論的言詞。

因為A朋友常噓寒問暖，小涵這時最需要經常有人安慰，也莫名其妙接受這個A朋友。直到有一天，當這位A朋友介紹她去工作的地點，竟然是跟一群流浪漢排隊等待時，她才真正清醒過來……

有些人跟你是不屬於同一個層次的人，跟這類人接近，生活不會變好，只會更加沉淪。不要因為一時的低潮，而隨便交朋友，這時你所有的判斷都是失常，更容易遇上拖你下水的人。

該止血就止血吧！生活中的挫折我們可以記取教訓，卻不要沉溺其中，與其抱怨不如積極振作，展開一段新的人生。有些事該放手就放手，給自己設下停損點，之後還可以重新再來。即使損失再大都有修復的機會，最怕就是一直灰心喪志，這時吸引的也會是一些負能量的人事物靠近，翻身之日更是遙遙無期。

把挫折當作一種寶貴的經驗，讓你日後不再重蹈覆轍。年輕時碰到重大挫折，總比老年時遇到來得好，因為還有時間、精力去彌補，一切都還大有可為。千萬別抱著得過且過的心理，就從今天開始做出改變，越早出發越快能結束那些痛苦的糾纏。

拋開那些對你不良的影響，遠離帶給你負面影響的「朋友」，不適合的環境不必勉強自己，要具有開創新生活的格局，你才能體驗出不一樣的人生。

凡事先三思

行動之前考慮周詳，不要被情感牽著鼻子走。

越是懂得謹慎行事的人越不容易受人指使，因為凡事都小心翼翼在計畫中行事，就會懂得什麼該做，什麼是在浪費時間，他們把自己的人生都按部就班進行，當然許多的雜音也就被排除在他們的生活之外了。

對自己的人生善加計畫的人，很少會因為他人的慫恿而做出失敗的決定，也不會因為想討好別人而委曲求全，因為他知道自己要的是什麼。即使暫時不受到諒解，但最後終能得到他人的肯定。

而我們的人生要的不就是這樣嗎？不斷去附和他人意見的人，最後只能成為奴才，無法真正掌控自己的人生。

不要去靠近那些消耗你能量的人——

不管你當下如何順遂，最後也會被這樣的「朋友」拖下水。我身旁就有這麼一個例子——

「亞全」在他剛進公司時，因為表現良好而成為公司的「紅人」，當下巴結他的同事很多，但那些人真的是讚賞還是另有心眼？

經常有同事遇到困難時，亞全秉持著能幫就幫的熱心態度，卻掉入心懷鬼胎的陷阱當中……

原來是一位同事經常因為工作表現不佳，成了主管眼中的「黑名單」，不僅經常被「釘」，工作也岌岌可危。

一次，她哭喪著臉找上亞全，希望亞全可以幫她在主管面前說好話。

「我不能沒有這份工作，要不然會活不下去啊！」

亞全被她說動了，雖然眼裡也比較贊同主管的看法。而在這段時間，那名同事對亞全展現了無比的「誠意」，經常在工作上幫他跑腿，下班後找機會聚餐等等，努力拉攏跟亞全的關係。

亞全在心軟之下，真的幫忙她去跟上司說情。沒想到在主管面前講沒兩句，卻看到主管鐵青一張臉，朝亞全丟來一份企劃。

「你這案子怎麼寫的？聽說你的東西都是找人代寫？然後和客戶借來的商品都搞得亂七八糟，害公司損失了一個大客戶，你知不知道？」

亞全整個傻眼，因為這些都是那名同事熱心說要幫忙的，而這些錯誤亞全完全被蒙在鼓裡。沒想到最後意外的發展，竟然是亞全被開除了，反倒那名同事被保留下來。

即使事後主管弄清楚真相，但都為時已晚……

面對這樣的結局，相信很難形容亞全心中那個痛，沒想到幫人還被倒插把刀，而其他同事似乎也都一旁看戲，當下竟沒有一個人來告知亞全真相。如果是你會怎麼想呢？

一般人第一個反應當然是：遇到小人了。沒錯！職場上類似這種小人比比皆是，甚至在社會上行走也是。當你落難時，期待身邊會出現貴人拉你一把，這僅僅是微乎其微的「機率」而已。亞全最大的問題還是回到自己本身，在接受別人的好意之時，有沒有看出對方隱藏的目的。

這不是叫我們做人不要太善良，幫助人原本是件好事，但也要有所辨識。當突然有個人無緣無故對你奉承哈腰時，其實你就應該有些警覺。

一個行事謹慎的人，不會隨便讓人有見縫插針的機會。思慮周詳的人會先退一步，先觀察情況再做決定，或許你不用當下拒絕，但保持適當距離是必要的，尤其對於那些有求於你的人，你得先搞清楚對方「求的是什麼」。

在職場上多用些思緒，少用些情緒，才能避免因為一時心軟而沾了一身腥。因為你永遠不知道，對方是找人墊底，還是真心想交你這個朋友。所有的惡意只要你仔細去分析，都是可以找出蛛絲馬跡的。

所以在現實世界裡，多為自己想想，別成了他人的「犧牲打」，這才是聰明人該有的抉擇。

克服本身的怯懦

你越害怕什麼，就更應該學著如何去克服它。

不知道你有沒有特別畏懼的點，是你始終無法突破的？

每個人都有不一樣害怕的事物，有些人怕高、有些人怕水、有些人怕瑣事、有些人怕煩等等，放在個性上又有內外向的區別。這跟我們一些優秀的特質也很相像，正因為我們都是獨立個體，也都有各自鮮明的性格。

這些人源自於天生，有些人則是受到後天環境的影響，總之沒有人是十全十美，有時候我們甚至都不知道自己害怕什麼？所為何來？

因為這些性格上的差異，讓我們會在某些地方受挫，但另一方面卻發展得很得意。不管怎樣，對於那些優勢的地方你已經無須著墨，但缺點就需多花些心思，才能讓生活中取得平衡。

這就像有些人無論有多麼高的天分，總是無法克服性格上的缺陷，於是最後依然無法成功，生活也很不如意。這從許多天才的身上可以看見，尤其是這類人，如果能稍加調整，面對世事更圓滑成熟，那真是無人能敵。

我真的還蠻常認識到一些天才型人物，也許天分不少，只是因為無法克服某些缺點，讓很多人最終只能庸庸碌碌過一生，或許連他自己本身都忘了自己曾是「天才」。

我認識一位天分極高的朋友，他擁有音樂高人一等的天賦，很快的受到許多人的矚目。但偏偏個性上卻出了很大狀況，當他發現自己如此受到歡迎之後，開始鬼迷心竅到處行騙，騙錢騙感情。

當然最後連他合作的老闆都受不了，於是他慘遭三振……最後的結局可想而知。

正因為我們有某方面特殊的才能，更需要強化一些弱點，才能讓你的能力更加受到讚揚。現實生活應對上，正是這些天才級人物最大的弱點，以至於稍有不慎或自大張狂，換來的卻是一身惡名。

我遇過一個很會做生意的服飾店老闆娘，當她聽到我到當地住宿，驚訝的表情寫在臉上，

「你怎麼敢一個人住飯店？」

「為什麼不敢？很多人都這樣啊！」

其實我才驚訝以她的能幹會說出這種話哩！如果反推回去，要是她敢一個人出門在外，是不是生意可以擴展到更多地區？

其他類似那些不善於拒絕的人，因為害怕得罪別人，後來卻因為做不到還真的得罪了對方，若事先就懂得拒絕，或許還不至於與人交惡。那些很容易受欺負的人，也可以從很多方面歸納出一個原因：就是讓自己身處弱勢。

要看清這社會本就是一個強欺弱的的世界，你希望能「大事化小，小事化無」，在很多人眼中卻不是這麼一回事。除非你是手腕高段的公關人才，否則只會讓情況對你越顯不利。這時「防患於未然」的念頭還比較實際，想想如何不讓別人有得寸進尺的機會，除了強化本身的條件之外，你更需要支持你的力量，這可能是朋友，也可能是成就表現。

別無形中矮化自己，強化了他人的氣焰。其實我們大可不必委屈自己，成全別人，我們當然不要作惡，但卻必要對惡事加強戒心，別讓自己淪為砧板上的魚肉任人宰割。

修正自己的缺點，強化你的優勢，才能聚集更多支持的力量，也可以在遇到困難時有能力面對並且全身而退。

保持一點距離，最美

為自己保留一些隱私，才能做你真正想做的事而不被干擾。

現在人急於表現自己，喜歡吸引別人的目光，但有沒有發現，那些最愛秀的人往往表現出來的不是自己真實的一面，而是想被別人看到的一面。這放在一種保護自己的立場上來說，無可厚非。畢竟太過誠實的人，更容易讓人抓到把柄，成為成功過程的絆腳石。

直來直往的人其實不是不好，這樣的人好相處，但卻很容易掉入有心人的陷阱之中。回想一下你是不是有時也因為話說得太快，不小心透露了某些祕密跟心聲，最後給自己招來麻煩？這其實是很正常的情況，不必太怪罪自己，不經一事不長一智，唯一要改變的就是學著沉穩一點及懂得隱藏，尤其是那些屬於你的私事。

就像最近流行的「閨蜜」用詞一樣。聽起來好像自己有越多「閨蜜」越有人緣，但這種「閨蜜」跟你有多知心那就很難說了。

所謂的「閨蜜」可能是可以相互分享生活點點滴滴的朋友，可能是相處密切，自然而然就沒有防心，很多人大喇喇的什麼事都告訴對方，幸運的你可能真能遇到很講義氣的朋友，但如果不是呢？那你可能是把自己推向危險的狀況中。

沒人強迫你要對好友全然表誠佈公，什麼事都告訴人家。你可以跟一些朋友分享生活的喜樂，卻記得要替自己保留一點。因為對你最具殺傷力的，不就是那些知道你事情越多的人嗎？更何況那種閨蜜成為第三者、搶人老公、男友的狀況已經不是什麼新聞了。

做人太直白，心思讓人知道得一清二楚，到時候有人找你幫忙，就算你很不想做那件事也找不到理由推辭，不是給自己找麻煩嗎？

如果你認為不跟朋友坦白就太不夠義氣了，那你可以選擇性的坦白，有些事情可說，有些事情就算棍棒當頭也不要透露。如果別人會因為你不把話說白了就不原諒你的話，基本上這也稱不上什麼好朋友。

因為現代人喜愛窺探別人隱私的多，自己願意真誠以待的少，所以你更需要保護自己。不僅對自己的隱私口風緊，對別人告訴你的事情也是，如此一來反而更能得到他人信賴，比口無遮攔的人更能與人深交。

太坦白的人容易讓人看穿，即使你想拒絕對方也找不到任何理由，這實在是很傷腦筋的事。當朋友想找你聚會時，你只想在家好好休息，這樣的理由肯定會被打槍，何必讓人找到理由去強迫你做自己不喜歡的事呢？如果我們能更隱藏一些的話，也是替自己保留退路的最佳方式。

聰明人懂得在事情中留下伏筆，讓人猜不透、摸不著。他們不因此而得罪任何人，卻又能巧妙的全身而退。讓那些想利用他的人無從下手，想打擊他的人抓不到著力點，你也可以說他有點狡猾，但這不也是一種高明的交際手腕嗎？在不得罪人的情況下，能保有自我的空間，也是一種兩全其美的方法。

只有自己強大，才不會被別人踐踏

只有讓自己更強大，你才能握有人際關係的主導權，才能真正做回自己。

贏得他人好感的方式，一是保持最佳狀態，還有一項就是：創造自我的價值。

在一個功利社會中，你無法不面對很多人事物都是藏著「利益」取向，不管你多麼抗拒，不相信那個喜歡的朋友會懷有其他目的接近你，但事實上就是得認清現實。無論是在求學、就業，甚至感情婚姻上，我們都很難脫離跟「利益」的掛勾。

有些工商大老提倡：希望年輕人能抱著學習心態，不要計較薪水多寡。

反而造成一陣撻伐聲，覺得對方是活在雲端的人。不管我們對一份工作抱持多大熱情，如果背後沒有足夠的經濟條件去支撐，這樣的熱情也持續不了多久。試問：沒有薪水你還會去上班嗎？除非那是你的家業。這就是現實。

無論求職或感情，我們都希望追求最好的，能當老師會去掃廁所嗎？能在家裡打打鍵盤就有錢賺，你還會想每天八小時以上賣命給老闆嗎？

如果你想提升自我，就得替自己創造更有利的條件。無論在增進人際關係跟未來的幸福都是相當重要的。

這包括了你能在工作上表現得更好，培養更多的技能以及增進財富，雖然聽起來俗氣，但是的的確確都會對你個人的吸引力加分。

當你有了小小的成就，那怕只是少少，都代表了身上鍍了一層「金」，或許不是什麼真的大不了的成就，但卻對增進自信有很大的幫助。當你一步步取得成就時，你就會越來越有自信，而且明白了討好他人不是增進人際關係的唯一途徑。

《延禧攻略》中有句台詞我非常喜歡：「世事不會盡如人意，是人就有失敗的時候，所以你要學會耐心地等待，等到你內心足夠強大，等到有一天你不再受制於人，等到天時、地利、人和。」其實這個世界很公平。越強大的人，就越能夠擁有優先選擇權。

與其委曲求全，不如創造被追逐的能力——

當我們可以提升自己的能力，做出一番成績時，你才會發現別人看你的眼光也變得不一樣了。甚至當你小有成就，急著上前逢迎巴結的人也不少，這時換成你去選擇而不是讓別人來選擇你。另一項收穫也會是你越成功，越能找到一群優秀的伙伴共事，這是一種磁場的相互影響。只有當你證明了自己的實力，才能讓自己有更多的選擇機會。

換句話來說，就是替自己創造更有利的條件，你將會發現世界有所不同，即使你會知道那些主動來靠近你的人為的是什麼，但往正面一點的方向去想，能讓自己產生對他人有利益的提供，不也正代表你的優越性嗎？

成功時不忘分享，這才是創造人際關係雙贏的局面。想辦法讓自己不是去依附或乞求一份關係，而是能給予、付出，這就是一種幸福感的來源。

所謂「靠山山倒、靠人人跑」，唯有做自己的主人，不斷提升自己「可被利用」的條件，才能在關係的建立上保有自我風格，不需要壓低身段去配合他人，而是營造一種互惠的局面。

這時候的你也不需要擔心失去一段關係，因為你可以選擇的機會大為增加，可以在更平等的基礎上，找到最適合自己的朋友或伴侶。

增進自己條件的目的，可以當成激勵自己向上的方式，不管是想吸引怎樣的異性、或是希望引起更多人的注意及接納，這都是一項好事。在這好事背後，將給你更大的回報，得以脫離之前的窘境，不必再強迫自己成為別人期待的樣子。

先管好你自己

做好你份內的事，別任意評論他人，也不要受他人三言兩語所影響。

「走你的路吧！不必理會別人怎麼說。」——但丁。

你會發現現代人很喜歡管別人的閒事，可能是因為網路發達，只要有些名人八卦，一堆人比關心作業沒寫完，該出門找工作還要認真，留言留到一大串。

除了網路，一般生活也是如此，那些愛給人意見、喜歡胡亂批評的人，對別人的事好像高過於自己本身該做的事。於是你會發現，越愛指三道四的人，他們的生活其實是一團亂。

挖人牆角、窺人隱私似乎成了茶餘飯後的消遣，這樣跟舊時代在巷口群聚的三姑六婆有什麼兩樣。對於他人身上的話題總是熱血奔騰，而自己的生活卻貧瘠得很。

為什麼很多人都愛挑剔別人的毛病，卻鮮少往自己身上看，這或許是一種心理的補償作用。我們總是關心別人花花草草的事，多過於要求自己，彷彿能從批評他人得到少許心理上的滿足。

這又有點像是「轉移焦點」吧！藉由指責別人怎樣怎樣，來轉移自己的無能跟平庸。彷彿在批評中，把自己提升到對方程度之上，扮演著某種「高等生物」的角色。但回歸到現實生活中，事實是這樣的嗎？

我們發現大部分人其實都沒有資格評論別人，真正能擔任評論者角色也只有專業人士，例如法官、評論家、記者等等，他們因為職務需要必須對人的「惡」做出判斷，那是需要經過學識及社會經驗的累積，而大部分人只是說說風涼話而已。

當我們聽到別人對自己批評時，難免心裡會不好過，無論是網路上或現實層面。面對這樣的評語，說什麼都好像不對，當你保持沉默，對方會認定你是默認了，如果生氣辯解，又落入更多口實。

其實在西方人經常會用到一種口語，就是反問：「那你呢？」發現這句話還真的蠻好用的。當你不知該如何反應時，不如先反問對方：「難道你就比較高尚？十全十美嗎？」相信一定會讓對方無話可說。而我們對那些無聊的批評真的不該花太多心思在上頭。

請問這人是誰？

你因為一個不了解你的酸民而氣壞自己，是多麼划不來。真正懂你的人就會懂，不了解你卻胡亂批評的人，你敬而遠之就好，根本不用浪費精神在上頭。抽離那些多嘴的八卦及評論，把注意力轉移到你該做的事情上，那才是重點。

少浪費精神在那些唇槍舌戰中，多花點心思在你的人生目標，未來是由你掌握而不是他人。

換個立場，我們也不要成為管閒事太多的人，這是一種修養。當一群七嘴八舌的人湊在一起，不用因為害怕被孤立而去湊熱鬧，你應該更清楚自己的立場，這就是獨立思考。

當你不盲目跟隨群眾說法，就不容易受到別人的慫恿，或是因為他人三言兩語的影響，反而能堅定自己的目標。

那些喜歡說閒話的人，根本不是你競爭對手，否則怎需要來暗的手段而不敢正面交鋒呢？

別把小人的暗算當一回事，你就不會掉進對方的設局裡，成為別人「娛樂」的棋子。在乎那些你該在乎的人，珍惜你該珍惜的事物，至於閒雜人等就當一陣風吹過，對你毫髮無傷。

千萬別輕許承諾

答應別人的事一定要做到，否則寧可先用模擬兩可的態度回答，以免落入沒信用的口實。

經常會碰到別人急著想要我們給個答案：「是或不是？」但人生又不是機智問答題，沒有人能真的告訴別人一個答案，更何況是凡人的你。對未來的事情我們很難去保證些什麼。

世事充滿變數，會輕易許諾的除了感情上的花花公子之外，其他都不是。

於是，當你太快做出肯定式的回答時，很容易就會被人抓到把柄，事後你發現不對勁時，又得承擔這個後果。因為信用是無價的，它可能關乎你的形象、工作表現和友誼的程度，太快答應些什麼，事後又做不到，還比事前拒絕給人的感覺更糟糕。

這就像給人「畫大餅」的感覺，或許你是無意，但別人總或多或少留下負面的感覺，到後來就變得你幫忙是應該的，反悔就成了你的錯。

在與人交談時，有時必須在極其短的時間內回答別人的問題，說出自己心中的想法以及對別人的要求，這時，如果急急忙忙、慌慌張張地回答，往往是語無倫次、答非所問，不是鬧出笑話，就是使自己陷入窘境。為什麼我們會這麼快回話呢？其中不脫兩種原因，

一、逞一時口舌之快

沒經過考慮，太快回話的後果，往往都會造成反效果：說比不說更糟。

讓你心想：「這關我什麼事呀？我幹嘛沒事惹一身腥。」

沒錯！太快許下承諾，後果往往就是如此。

事前沒有想清楚，事後被人抱怨，這時你不能怪別人，是你先給對方希望，卻又沒想清楚自己是否能力可及，以及那些可能產生變化的未來。

二、急於討好

每個人都喜歡驚喜，也喜歡帶給別人驚喜，就像送禮物時很希望看到對方雀躍的表情一樣。而當我們答應別人一項協助時，就是傾向看到別人滿足的神情。

但你必須想到，不送禮物比送了又收回更令人厭惡。這就像隨口答應別人卻沒做到一樣。我們常常忽略了這點，以至於既沒贏得對方歡心，還落得被數落，甚至連朋友都當不成，這是何苦來哉？

如果我們凡事都能先退一步想，不管別人怎麼想辦法說服你，別用肯定句去回答，給自己留個後路。

不用把他人的問題全攬在身上，熱心助人也是要看情況的。友誼是長長久久，如果你不想破壞這關係的話，還不如一開始就做好防範措施，別讓那種莫名的義氣搞得自己兩邊不是人，最後惹了麻煩一身。

先別太快否定自己

選擇適合自己的道路，不要老是先否定自己。

人最怕的就是自我否定——當遇到重重難關，無論是人際關係或事情總有不順遂時，往往會回頭來苛責自己，怪罪自己怎麼那麼糟糕似乎一無是處。

但有時候挫折像一面明鏡，讓你看清楚究竟哪裡出了問題？而不是一味往悲觀的方面去想。像是你有沒有發現所有的困難，可能是你付出的不夠，也可能是你走錯行，做錯了抉擇。一直做不好，比不上別人，也不一定證明你真的比別人笨，而是沒有找對方法而已。

沒有人是十全十美，我們只能挑自己最擅長的去著手，才有可能凸顯出自己的優勢。

那些再強悍或聰明絕頂的人也有他們脆弱的地方，要不然詐騙集團為什麼老是鎖定那些醫生跟工程師？因為他們的專業讓自己在某一領域有所成績，但面對社會的複雜環境，他們的判斷力立刻降到不及格分數，這就是每個人的不同。你必須先學會找到自己的強項，而不是先急著否定自我。

譬如仔細去分析：你是否把自己放錯了位置？或許你有其他的長處是別人還沒發現而已，而你有權利去展現自己最好的一面，而不是讓別人來否定你。

這讓我想起以前上班的時候，有一位資歷不錯的同事被老闆放在秘書的位置，可是她看著我們跑新聞寫報導十分羨慕，三番兩次要求老闆給她機會，也不斷表達想換部門的意願。終於有一次主管試著給她一次採訪的機會，她雀躍不已的出門了。

經過幾天的「奮戰」，她終於交出一篇文章。相信光是那個時間性，就會讓總編輯很不滿意，果然沈寂了幾天，她繼續在安排老闆行程，對此事三緘其口。

終於在一段時間過後，她才告訴我，總編輯相當不滿意她的文章，拚命擋下她跳部門的意願。

其實那時年輕不懂事，當老闆的秘書是「一人之下，萬人之上」，她擁有比我們更好的學歷、語文能力，薪水也高出許多，為什麼要拚命擠進我們這種「低辛勞苦」的部門呢？

原因無他，就是羨慕著我們可以放上發表文章的大名，又可以到處接觸各式各樣的人（包括名人）。其實她可能忽略了，對我們來說那不過是一種虛名，我們反而羨慕她每天可以不用東奔西跑，薪水又高呢！

所以，有時候我們羨慕著別人的風光，卻忘了自己身上也有寶藏。

我們不一定能成為自己想成為的那種人，但一定可以發掘自己能成為哪一種佼佼者。問題是你有沒有認真思考過，你的優缺點在哪裡？

拚命往自己不在行的地方努力，當然事倍功半、處處撞壁了！就像是明明其貌不揚，卻老是要裝美女，知識不高，卻老愛引經據典、高談闊論，當然給人的印象必定不會好的。

你不用管別人做了什麼，你只需要做好你自己。

別忘了！這世界最懂你的人不是別人而是你自己，不要一直強迫自己往不適合的地方鑽，也不要一直去愛那些不適合你的對象。尋找最有把握的事情，不斷讓你能增加自信的方向，才能真正掌握屬於自己的命運。

CHAPTER03

珍惜自己，是你人生的骨架

倘若你不為自己的人生而活，究竟誰要為你的人生而活？

——《被討厭的勇氣》 岸見一郎

越容易到手的，往往不是最好的

最好的東西必定是努力追求而來的。

有沒有發現，經常我們生活中會出現一些「驚喜」，好像突然好運憑空降臨，又可能在你面臨一些抉擇時，忽然有人捧著鮮花送上門來……當你想伸手去接時，是否忽略了什麼？有沒有看清楚真相，還是被那些積極在你身邊鼓譟的人給蒙蔽了，你確定主動送上門來的真的是「好康」，還是「陷阱」呢？

我們經常會在那些積極遊說者身上看到一點：「生意」——對，沒錯！就是「生意」，這件事情對於對方有沒有利益才是首要的，如果你是個被動者，永遠都是被「套出利益」的人。這無論是在情感或生活上都是一樣的。

很可惜的是，或許現代人都太懶了，對於積極送上門來的好處，抱持著：「不要白不要」的心態，隨隨便便接納了，等真正看清楚真相時，恐怕抽身已難。所謂「不要錢的最貴」、「天上掉下來的禮物其實是惡夢的開始」大概就是這個道理。

那個超級好女孩——

記得有那麼一位鄰居，從小就是個書呆子，唸書比別人行，但談到生活，可以說是生活白癡。

當然他一路唸到醫學院，就在快畢業之際，聽說終於交到畢生第一個女朋友。當他興奮的把女朋友介紹給大家認識時，我還覺得有些吃驚……

「我希望你能幫我跟我爸媽透點口風……」

「你年紀不小了，交女朋友是很正常的事，為什麼要我去傳消息？」我很好奇。這從小交情不錯的男生為何如此鬼鬼祟祟。

他有些難為情的說：「其實我們已經住在一起了……」

「你不是說沒認識多久，還是你交的第一個女朋友。」我超級驚訝，

「這進展速度未免也太快了吧？」

「是、是啊，她說反正我也住在外面，她也是租房子，不如就住一起比較省錢。」

「省什麼呀？你這個笨蛋！都還不夠了解就搞同居，我要是你媽也會氣死。」我一副老媽子的口吻。

他吞吞吐吐的說：「我就是擔心我爸媽的反應呀！其實……其實我們已經公證了。」

「蛤？你們才認識多久，有到這麼急嗎？」

「兩個月……」

我真的聽了快暈倒了，難怪他會想透過我去跟他爸媽傳達消息，覺得這整個匪夷所思，一個學歷家庭背景不怎麼樣的女生遇到一個準醫生，這步棋真是「快、狠、準」呀！

於是最後結果當然是這個大男孩跟全家人鬧翻，而他的婚姻也不似當初想像中幸福……

回歸到問題本身，對方為什麼要結婚？

因為覺得自己年紀老大不小了，看其他學長學弟都雙雙對對，還沒出校門都交過女朋友，只有他……於是就這麼遇到一個積極的女生，把他當作目標，圈進了婚姻的枷鎖。而這男生向來生活就很封閉，突然看到一位這麼主動的女孩，把所有事情都張羅好，也樂於當個「現成的丈夫」，擁有他夢想中的家庭。

為了結婚而結婚，因為習慣了當媽寶、撿現成的，最後倒楣的是誰呢？在沒有經歷過幾段愛情，不知道自己想要的是什麼，就如此輕易下決定，最後不幸的不會只是個人，還包括整個原生家庭。

成功從來就沒有「容易」這回事，包括幸福也是——

當你看到那些成功者的經歷，都是一步步克服許多難關，其實正說明了：成功從來都不會是容易的。

如果你不積極去面對，認為所有事情都會有人幫你準備好，那可能端走那碗「好康」的，只有你「信任」的那個人而不會是你。

自我約束力

懂得約束自己的人不會口出妄語，也能替自己贏得好人緣。

一個人要能成功或是在人生路上走得平坦，對自身的約束力是非常重要的。因為人都很難避免一些人性的弱點，譬如：拖延、懶惰、自暴自棄等等，我們往往會找一個藉口去美化這些缺陷，試圖得到別人的諒解，淡化本身的罪惡感，但這些所影響到的不是別人，而是自己的進步與成長。

「可以、可以，我馬上就到了。」

當你答應朋友的邀約，明明就還賴在沙發上看電視，卻這麼敷衍著。

「我已經拚命在趕了，忙到深夜一點半……」

當你的工作延遲而被上司抱怨時，你這麼說著。其實誰知道在之前你才剛跟朋友聚會狂歡到凌晨……

這些看似完美的藉口，有時真能騙過別人，卻騙不過自己。因為謊言說多了總有被拆穿的一天，任你偽裝得再好，同樣的藉口也不可能一再利用，只會讓人更加不信任而已。

謊言是一種逃避，會讓自己陷入一種困境，最後落得兩邊都不是。與其為自己的散漫找藉口，還不如面對問題，找出解決的方法。一旦你解決了一個問題，就進步了一些些，不僅增加你的信心，還可以讓你更積極去解決問題。

人都需要成長，而不是停留在原地。暫時的逃脫，其實不能為你帶來更大的利益，很多時候我們必須自我約束，用更積極的態度來面對人生，這才是一種正面的態度。

約束自己包括許多方面，首先要克服的當然就是自己的弱點。人是習慣性的動物，當你處在一個安穩的環境，自然而然不會想改善些什麼，非得要遇到一些挫折才會看清：「到底問題出在那裡？」

很多失敗的原因就在於本身的盲點，因為習慣一種行為，因此一再重覆犯錯而不知，甚至明知問題在哪，卻任其放縱的結果，當然最後都會反噬到自己身上。不要認為一時裝糊塗可以沒事，息事寧人不過是短暫的心安，未來可能要面臨的麻煩更大。這就像日積月累的污垢，等到你想要去清除時，往往要花費更大的力氣，而且也不可能恢復原本的面貌了。

俄國文學家安德雷耶夫曾說：「一個人最大的勝利就是戰勝自己。」約束自己，正是對自我的挑戰，因為人最難的就是改變那些固定的行為模式，當你想成為更好的人，這一點就必須善加修正。

一個懂得克制自己行為的人，最低限度可以使你不走上歪路，往更上一層則是會引領你更成功，得到一個完美幸福的人生。

「克制」不一定是什麼高深的學理——小到一般使用網路的時間，當我們在發言時注意言詞，不對他人造成無謂的傷害，這是一種克制，當我們對某人心生不滿時，可以克制自己不做出粗暴的言行舉動，不隨意攻擊批評他人，做事能有條有理、盡心盡力等等。你的克制有時會帶給別人愉悅，甚至展現你良好的風度和教養，在他人心目中留下良好形象。

或許這不至於讓你一步登天或是擁有轟轟烈烈的成就，但凡事從小事做起一步步來，你會招來更多的善意跟貴人，這也是一種好的磁場轉變。

對很多事情我們先不要去指責外界，而是先從內心檢討，這也是一種克制力。當我們懂得先從要求自己做起，將會改變許多事物，也能在人生路上越走越平坦。

為什麼會成了替死鬼？

有獨立的見解，才能免於被人利用。

一個喜歡隨人起舞、沒有目標的傢伙，很容易就淪為別人的「替死鬼」，等於被賣了還傻傻替人數鈔票。

什麼樣的人容易陷入這樣難堪的情境裡，歸咎原因不外乎：一是缺乏獨立思考能力，二是太急於得到別人的認同。

現代社會可以看出，表面看起來網路的普及讓人與人的接觸更多，繁忙的工商業社會，你很難脫離群體關係，一般人很害怕被拒於群體之外，被冠上「邊緣人」的標籤。於是拚命想討好團體那個最醒目的人，以免自己落單。希望能做些什麼，討好自己的伙伴而爭取更多的認同。

人變得害怕被拒絕，連一點不同的想法都不敢說出口。於是社會的「一言堂」、「一窩蜂」的情況越來越嚴重，好像不跟著人群擠，不站在長長排隊人龍中就覺得不夠「時尚」。

從前有個販馬商，有匹駿馬要出售。可是，他一連在市場站了三個早上，也沒有人賞識那匹駿馬，於是便找伯樂幫忙。

他對伯樂說：「我有匹駿馬出售。可是，我一連在市場站了三個早上，也沒有人前來問津。請您幫我一個忙：明早到市場去，環繞我的馬走一個圈，跟著停下來仔細觀察，然後在離去前再多看一眼。我自會好好地酬報您！」

伯樂答應了他，第二天早上便到市場去，環繞駿馬走了一圈，跟著停下來仔細觀察，然後在離去前又再看一眼。

伯樂一走，人們馬上圍住販馬商和他的馬。還不到中午，馬的身價已漲十倍。

盲目的無知容易使我們接受誤導。

商人看到這樣的群眾心理可樂了！利用「團購」、「節慶特惠」吸引一群又一群跟風的群眾，最後等你冷靜下來才會發現傷了荷包又浪費時間。這完全就在於我們失去判斷的能力，無法分辨那些是好的或是壞的，你個人的價值觀到底在哪裡？為什麼經常被迫去應和一些根本跟你個性完全不同的事情？

學會自己處理問題——

有些時候會喜歡擠在人群裡是擔心自己的能力不足，擠在群眾裡多少還有些人撐著，好歹也可以濫竽充數一下。這讓我想起去進修課程的分組報告，在一開始分組時誰都不認識誰，看到旁邊的人在揪，立刻不管三七二十一便加入，等加入後才發現程度落差很大，到頭來發現你想靠別人，而別人還想靠你呢！

相信類似的心態你我都曾經有過。特別是在求學階段，當我們還在懵懵懂懂時，加入小圈圈可以壯大自己的「聲勢」，覺得比較不容易受到欺負。而被霸凌的對象往往都是那些落單的同學，更讓我們害怕被孤立。

然而這些的不懂事，隨著年紀增長應該有所改善，但事實卻不盡然。長大後我們又投入另一個「小型社會」——職場。

工作場合的狀況要比校園更複雜，但不變的都是愛搞小圈圈，為了擠身這樣的小團體，我們又不得不違反本意應和著團體的意見，其實你沒長大，只是身體成熟了而已。

沒有朋友又怎樣？

朋友要看是哪種朋友，只要人風光的時候就不缺一堆「酒肉朋友」，而真正的友誼是會在你低潮時相伴，當你成功時分享你的喜悅，而不是來沾光的。

當然這不是要你特立獨行到沒有朋友，而是隨時記得保有真實的自我，傾聽內心的聲音不要去依附他人、也不要因為怕被排斥而不敢做自己。要知道，團體可聚可散，你總會遇到跟你興趣相投的人們。

別侷限自己的世界

改變只是一念之間，勇敢跨出一步，別被封閉的世界給限制住了。

每個人都有自己存在的價值，換個方式也可以解釋為，不要執著於一個不重視你的環境，無論是團體、職場、生活環境，你都一定會發現一個真正屬於你的天地，只要你願意勇敢走出去。

當我們的世界太小，你會把周遭發生的事情當作理所當然，或者不知不覺中灌輸自己某種「奴性特徵」，你努力想去逢迎這樣的環境，卻越覺得格格不入，變得不像自己了。

別忽略了一個環境對人的改造，那往往超乎你所能想像的。

這讓我想起開始旅行那段經歷。

我喜愛旅行，因為我覺得可以在旅程中認識許多人，交到各式各樣不同的朋友，不會被一種固定模式框住。像是在職場中大概接觸的就是辦公室同事，在生活中不是親戚一家人，就是一些老同學之類的。當你看到更多不同文化背景的人們，甚至你認為自己怯懦的性格特質，會驚訝的發現在別人身上也這樣。而在你所習慣的那個世界，所被批評的弱點，在另一個世界卻是被讚揚的「優點」，很多事情會超乎你原本的想像。

當你置身的世界越廣大，你的選擇也會不同，不再是「唯一」的道路，而且有更多的機會讓你挑選，更可以尋找到有同樣品味和想法的朋友。

你不一定要出國，但可以創造對自己有利的條件，那就是讓自己有更多的選擇。在職場上就是創造本身更多的附加價值，在生活上就是讓自己對朋友、感情製造出更多選擇的機會，不要被限制住。

擁有更多選擇，其實也代表著你可以選擇更好的、更適合你的朋友、情人，而不會執著於一些令你不舒服的關係，因此可以大大提升幸福感。人最大的快樂不就是這些？遇到對的人、事、物，從事拿手的工作，有一群相同品味的朋友群，讓自己擁有快樂人生。這看似容易，但其實卻是需要努力去經營的，並懂得大膽跨出一步。

前些時間我在網上看到一則機智的故事。

有一家經營得有聲有色的餐館，天天門庭若市。酒店的老總因準備要開展其他業務，以致沒有太多的精力再管理這家餐館，打算在現有的三個部門經理中物色一位總經理。

老總問第一位部門經理：「是先有雞還是先有蛋？」

第一位部門經理不加思索地答道：「先有雞。」

老總接著問第二位部門經理：「是先有雞還是先有蛋？」

第二位部門經理胸有成竹地答道：「先有蛋。」

老總向最後一位部門經理說道：「你來說說，是先有雞還是先有蛋？」

第三位部門經理認真地答道：「客人先點雞，就先有雞；客人先點蛋，就先有蛋。」

老總笑了。他決定將第三位部門經理升任為這家餐館的總經理。

人最怕的就是畫地自限，特別是當你處於一個困境，處處受到阻礙，覺得周遭的人都不重視自己，沒人了解你……其實這些都是可以改善的。與其跟一些讓你難過的人事物糾纏，其實你可以有更好的選擇，那就是尋找一個適合你的地方，找尋適合你的位置。

這不是一種逃避，更廣義來說是你給自己更多機會跟選擇。

這跟很多科學上的研究跟發明也有異曲同工之妙。當遇到瓶頸走不通時，往往換個角度去思維會給人新的啟發，也成功解決所有問題。

就算你已經在自己的世界如魚得水了，一些些的改變也可以是種養分，讓你成為一個更成熟智慧的人。

所以，你的世界可以很小，也可以很大，端看你的選擇。與其被不快樂的環境所束縛，其實你可能忘了，你也可以有所改變。雖然離開自己所熟悉的世界需要勇氣，但如果不去嘗試，怎會知道你能力有多大？

先自救再救人

如果想成為善心人士，就要先壯大自己的實力更為重要。

很多人看電影很少去記住一些精華，多半浸淫在嬉笑怒罵的場景裡，但如果你願意認真去看，電影往往會傳達一種正向的意念，值得我們細心去咀嚼。

在一部很通俗的動畫電影「蜘蛛人」，記得主角曾經說過什麼名言？對了！就是：「能力越強，責任越大。」這就像當你身上只有十塊錢，你能幫一些貧困弱勢的人什麼忙嗎？可能連你都需要援助了。很現實的是：那些即時有效的幫助，往往跟金錢有關，而自己身上卻拿不出來半毛錢。

如果拿掉金錢這方面來說，就算你要幫人家搬家也要有體力吧！當看到別人溺水時，有沒有很好的求生技術可以及時相救就很重要，別傻傻以為自己都行，在沒有事先衡量本身的能力下，你所能幫到的忙都極微小，甚至恐怕連自己都會被拖下水。

因此許多時候「過」與「不及」都是一種損害，有時你想要幫人，其實卻害了雙方。如果真想熱心助人，要先蓄積自己的實力會更重要，以免到了緊要關頭在那裡窮緊張，卻使不上力來。

當然這不是叫你學會「自私」，自私與善良都需要尋找其中的平衡點。或許源自天性或本來的家庭教育所影響，我們很容易偏向某一方面，認為「自私」就是可惡，「幫助別人」就一定是對的選擇。包括那些喜歡替人亂出主意的傢伙，你沒有足夠的知識經驗，又豈能信口開河，以為是在「助人」，卻是害了別人。

我記得以前因為工作的緣故東跑西跑，礙於經濟壓力，想把一間房子讓出來租給人家，卻苦惱該委託誰幫忙時，正想找專業的房仲經理人，一位常往來的鄰居很熱心的要主動幫忙。於是交給他的後果……是租到一個把屋子弄得一團糟的房客，還包括一名通緝犯——讓我整個傻眼。

當警察找上門來時，這位鄰居一推三不知，連租屋人的身份證號碼都沒登記。這時你要怨誰？

對方的確是熱心幫忙，但對陰險的社會一無所知，又輕率處事，但房子是你的不是他的，出了問題最後還得你要自己扛，那麼這樣的熱心反倒成了一種「幫倒忙」，還影響彼此的情誼。

幫助他人原來出發點是善意，但自己的能力不足卻又愛信口開河的話，真的會替別人造成負擔而失去助人的美意。

從另一層面來說，很多宗教跟道德家會告訴我們：犧牲當然是人類最偉大的情操，像是父母之於子女、朋友之情、夫妻之情等等，但現代社會環境過於複雜，很多時候你會難以想像：為什麼我付出這麼多，甚至拋棄所有，得到的卻是這樣的回報？

這跟之前提到的自己能力不足卻熱心過頭是兩種不同狀況，一種是幫倒忙，另一種則是幫過頭連自己都被拖下水。這兩種有類似的一點：就是都忽略了本身狀況，而一味的往前衝沒想到後果。

不管我們的出發點為何，總之還是要認清現實，能幫的就幫、不能幫的就退後一步讓別人來處理。更何況很多時候事實上對方真的不需要你的幫忙，你只會越幫越忙而已。尤其牽涉到感情上，別賠了夫人又折兵，那才是真正令人扼腕呢。

要站對位置

只有處於錯的位置，沒有笨拙這回事。

要能贏得他人的尊重，首要在於建立自信，很多自信的來源往往跟你有沒有站對位置有關。所謂的「站對位置」可以廣義的解釋為：你找對了方向，遇見適合你的對象及朋友。

唯有遇到適合你的族群和事業，才能讓你如魚得水，得以充分發揮自我的能量。

人的低潮在所難免，很多時候我們的不如意，只是遇到不對的環境跟時機，並不代表你真正不行。越是遇到挫折，越是提供機會讓你好好檢討，應該如何做出應對，該改變些什麼。如果只是花時間在抱怨，那就只會浪費時間了。

或許可以把人生當成一種不斷修正的過程，不是每個人一開始都能選擇正確的途徑。這很像你選擇職業一樣，總是得先經過不斷的嘗試才會知道究竟適不適合。不要害怕嘗試的過程中遇到失敗，因為那就是提供你很好的經驗，讓你可以找到更正確的方向。

就像我剛畢業時，衡量能獨立創業的工作應該屬貿易這行，但經過幾次工作下來，發現自己對於數字的敏感度極差，光是倉庫點貨都可以點到天亮還點不清，當時覺得自己真是無能到極點。

但一次意外的轉入雜誌業，才發現自己很輕鬆就能做得比同事出色，於是開始建立了自信，從事採訪報導一直到文字行業走來，真正找到適合自己的方向，在這行小有成績。這就是找對了位置。

有些人適合穩定，有些人適合創業，當你去試了才會知道你最行的在哪一方面，慢慢摸索中找到方向，也創造出一些成就感。

每個人的人生經歷不同，但不可能都一帆風順，因為挫折會使我們好還要更好，直至回歸到理想的狀況。

人生過程中難免我們也會遇到傷害我們的人，那些心懷不軌的壞份子總是試圖折損人的自尊，但這樣的挫折能學習到什麼很重要，而不是一直沉溺在被傷害的狀態，這也是一種成長。

成長就是教會我們往前看，用更積極樂觀的態度面對人生，而不是一直陷在那個污泥裡。

有些事情是我們可以改變的，但有些卻無能為力，前者就是靠自己去努力，要改變他人很難，說穿了那也不關你事，盡量做到的就是讓自己更進步，遠離那些是是非非。當你懂得拋下不如意的過往，總有能接納你的地方，這就是適性。

不要把幸福想得很難，它其實就掌握在你手中。你可以選擇跟不對盤的人打交道，繼續留在一個不快樂的生活圈，也可以試圖突破，找到令你快樂的環境。這關乎選擇，而不是先自我否定。

敞開心胸接受各種可能，把挫折當作人生必經之路，你將遇到更好的未來。只要不放棄，找到那個對的位置、對的人，會給你帶來無限能量，自信心也就不知不覺提升了，根本無須矯情去假裝，或是依附他人。

天助自助

要贏得尊重，首先要改變的是自己的依賴性。

人天生會有一種依賴性，能不要自己動手的，就盡量不動手……這從小時候的習慣到長大後的行為可以窺知一二。就像最近很夯的外送服務，有時明明是很短的距離，能有人幫忙「跑腿」就寧可花點小錢讓別人去做。

當然如果你不缺錢或是工作太忙，有些雜事交給別人跑腿是無可厚非，但有時並非如此，而是出自於人的天性——一個「懶」字。

就像當我們課業或工作遇到問題時，很多人第一個想到的就是求助別人，特別是你剛好坐在功課很好的同學，或能力好的同事旁邊時，開口問一下總比自己絞盡腦汁來得好。於是久而久之形成一種依賴，凡事不是先多花腦筋想辦法，而是直接從別人那邊求得援助最快。

當然如果你夠幸運的遇到那種熱心的伙伴，可以無怨無悔的幫助你，但你不可能一輩子依賴對方，人會變，環境也會跟著改變，一旦你失去原有的靠山想再「如法炮製」，恐怕不會每次都如你所願了。

特別是當你進入一個競爭劇烈的環境中，每個人都忙碌得要命誰會願意停下來拉你一把，最終的結果是被遠遠拋在後頭，最後被三振出局。

不要成為別人的負擔——

不要老是想找人當靠山，一方面是可以讓你免除淪落為別人的負擔。想想，現代社會尤其是職場，那不是農業社會你可以有很多時間互相關懷。如果無論大小事都想尋求幫助，或許別人口中不說，其實心裡也會產生疙瘩，久而久之，你就成了那個「很煩的人」，別人想辦法漸漸疏遠你，你還一頭霧水不知道自己得罪對方什麼。

很多人是表面上不想得罪人，但心裡已經做了記號，如果自己還不及時認知的話，遲早會受到排斥，等真正需要幫助時，才發現身邊一個人都沒有。

自己學會先解決問題，再尋求協助，這反而會讓你更容易學到東西，也能增加實力回過頭去幫助別人。這時付出給予才能達到平衡，也能改善與人之間的互動關係。

你會更贏得尊重——

這也像是一種「群體作戰」的觀念，如果你老是黏在別人屁股後面，成了一個標準的「豬隊友」，遲早會造成反彈，漸漸成為不受歡迎的人物。

所謂「天助自助」，如果你有讓別人看到你的努力，自然而然別人也會樂意主動幫忙，至少你在立機點是站得穩的。這也像是一種好的能量，好的磁場會吸引好的人靠近，當你培養出能獨立解決問題的能力，也能吸引更多跟你一樣積極的人過來。

你也可以說人都像植物一樣有「向光性」，只是這種「向光性」指的是一種正面的能量。一般人都喜歡跟積極樂觀的人相處，追求一種美好的生活，如果你能調整自己的舉止，多發揮正向的能力，同時更能贏得他人的重視，在遇到重大困難時，自然而然得到許多的助力了。

找到對的人

好的關係帶你上天堂，壞的關係帶你入地獄。

最近去進修課程時發生一種狀況，老師很驚訝發現，那些考試高分的同學都是坐在同一區塊的同學，當時老師還開玩笑說：「你們是不是互抄答案呀！」

當下引起哄堂大笑，同學們紛紛表示要把那區的同學拆散，爭取坐到他們附近。

這聽起來像是個笑話，但仔細分析起來也覺得有些道理，因為人是會相互影響的，當你看到周圍的人上課認真聽講，也不由得繃緊了神經，期許自己做得跟身旁的人一樣好——這就是一種鞭策的心理。

人經常就需要一股類似的動力，才不會讓自己有懶散的藉口，因為拖延、懶惰本來就是人的天性，而競爭的環境往往就是督促自己最好的力量。

可見環境對人的影響很深，生活在我們周遭的人會不時帶給人改變……因為人脫離不了一種群體關係，如果你身邊的人夠優秀，你也會自然而然的想追上去，希望不要落後別人太多。過去求學階段，我也一直有這樣的念頭：「寧可當好學校的爛學生，也不要是爛學校的好學生。」這說明了為什麼很多人會擠破頭，怎麼也想進入一流學府。因為當你身旁都是優秀的人們，就算你是殿後，等過一段時間回頭看，你還是遠遠超前許多人。

這跟婚姻和感情的關係也是一樣，如何找到那個對的人，那個能跟你一起成長、一起分享生活的喜怒哀樂很重要。

俗語說：「男怕入錯行、女怕嫁錯郎。」其實在現代社會，男女應該都怕嫁娶錯人才對。因為伴侶關係又比外面的同學或同事關係更加緊密，影響層面更廣，一段不好的感情關係，遇到一個差勁的對象，你可能不只是傷心，還可能破財、甚至影響到事業前途。其實從一些公眾人物身上，也都能發現類似的例子。

或者你被美貌所吸引，也許是愛情文藝大悲劇看太多，認為愛情就應該是要轟轟烈烈，於是給自己生活找了一個「大麻煩」。直到「故事」結束，留下的唯有一身傷。這對生活有何助益呢？甚至你得花更多時間去調養，等恢復到原來的生活面貌。

就像醫學裡常提及的：「預防比治療重要。」如果我們能事先防範，找到對的人、對的環境，你就不必花力氣跟時間在事後療傷，而把精神運用在更有意義的事物上。

不要去在意那些傷害你的人——

雖然我們知道所有正確的道理，也很謹慎避開一些危險，但人生中意外十之八九，一不小心我們也很容易掉進失敗的漩渦……

尤其在現代社會，你要把自己孤立起來很難，處處都有戴著面具的小人，等著以傷害別人為樂。所謂「明槍易躲，暗箭難防」，學習如何全身而退才是更難的課題。

那些心懷不軌的人表面上不容易分辨，甚至你還會拿他當作「閨蜜」、

「麻吉」，讓對方更容易得逞。一旦不小心遇上這類人物，除了自認倒楣，最好的方法還是速速脫離那樣的「險境」。

那些小人最得意的就是看到別人深陷痛苦，正好趁了對方的心意，而你真要讓對方如願？

如果你把一件事看得很重，受到的影響就會遠超過事件本身——

學會轉移注意力是唯一能讓我們冷靜下來，尋求解決方法，這時也唯有先恢復理性，才能戰勝情感面帶來的混淆。當我們能用理智去看待一切，就能重新恢復信心，知道自己該往那個地方前進，那麼所有問題都不會是問題了，而前提就是先克服自己當下陷入的情境。

懂得珍惜自己

要把重心收回到自己身上，先學會自處，再選擇性的付出。

關於「愛自己」近年來似乎成了一種口號，廣泛來說「愛自己」不僅僅是一種對自己好的觀念，還包括讓自己成為更好、更有智慧的人。當你對自己有所要求，能做到一些成就時，不用外求自然就能得到他人的喜愛。

誰都希望自己可以成為他人注意的對象，渴望被追逐、被需要，但這都需要自己本身具有相當優勢才能得到。如果本身沒有想辦法提升自我價值，恐怕淪為一種卑躬屈膝，別人還不屑一顧。

有段時間，我總是被人際關係牽著鼻子走，特別在意一些無謂的東西，天天被侵蝕卻不自知。懂得愛自己，同樣是一種自信的展現，對自己沒有自信就容易被牽著鼻子走，別人叫你往東你不敢往西，這還稱得上被尊重嗎？

讓人喜愛上自己，不是凡事去討好別人，而是懂得去讚美他人，但知道底限在哪裡。你不能討好到明明是爛蘋果還說是天上掉下來的禮物，雖然可以美化一些事物，卻無須違背事實到誇張的地步。

同時懂得珍惜自己的人，也會懂得拿捏分寸。不是對別人的要求來者不拒，而是看情況幫忙，了解到付出並非全然的犧牲，還是需要替自己保留一塊安全的園地。

有一回，一個朋友哭哭啼啼的抱怨男友說她「又老又醜，還沒嫁進門就已經像個老媽子了。」

「但我每天為他的事業奔忙，忙到連去美容院洗個頭的時間都沒有，他憑什麼這樣說我……」朋友很不服氣說道。

其實這就是重點了。

「為什麼你要為對方付出到沒時間好好照顧自己，最後還惹來嫌惡的批評。」

其實很多女人都是這樣，為了愛情常沒了自己。如果對方知道珍惜還無可厚非，可惜人類的天性就是得到的會當作習慣，以為你的付出是天經地義，讓人心痛又放不了手……

其實這樣的狀況越走下去，對方遲早會跟漂亮女生跑了，你才回家猛照鏡子為時已晚。

我們往往希望付出的能有所回報，但真的要認清楚在哪一方面。對人跟對事往往有不一樣的結果，像是你在課業上認真努力，在工作上認真負責，那當然是成正比，但如果面對的是人，可能就要三思了。

因為人有一種「慣性」的毛病，你讓一個人習慣於你的付出，慢慢就會變成理所當然，就算你已經累到極限，得到的反應也會是：「應該的。」

是誰造成這種狀況，其實不能完全怪罪對方，自己也要負起部分責任，因為是你寵壞了對方，選擇對自己苛刻，養成別人習慣性的索討。

這樣的情況不是不能改善，要扭轉這樣的局面首先要做的就是：給自己保留一部分空間，告訴自己你是值得被珍愛的。多花點時間精神在自己身上，先照顧好自己再說。不管旁邊的人怎麼鬧，你只要堅守這一點就已經是跨出成功的一步了。

守住自己的界限，有時必須狠心一點，但這無論對你或對身旁的人都是好的，也許他們會看不見，但你可以慢慢的讓對方明瞭，其實你不是不幫忙，而是需要先打理好自己再說。當你可以重新整理好自己，容光煥發的出現在眾人面前，表現出你的強勢跟優點，相信慢慢的別人也需要接受到這一點，而你也贏回屬於自己的尊嚴。

與其去要求別人符合你的期待，還不如先善待自己，因為你無法要求別人一定要對你好，但自己卻很容易做到愛自己。一個連自己都不珍惜的人，又怎麼要求別人的態度改變呢。

當你能把自己照顧得妥善，才能改變別人對你的看法。記得對自己好一點，你最該寵的應該是自己而不是別人，而你的努力應該有相等的回饋，這才是讓你時時保持最佳狀態的祕方。

必要的停損點

知道何時該設下停損點，你才有重獲新生的機會。

我們經常付出得越多越不願意放手，不管情勢已經對自己多麼不利了，總還是抱著一線希望，期待著過去所投入的時間精力會有所回報。然而事實經常證明我們想得太天真了！

有些人就像綁粽子一樣，會把自己的不幸跟別人綁在一塊，非得要他人為其生活負責，結果是你越陷越深，生活被搞得完全走樣。

有一回看到一位朋友到處籌措資金，原本那個光鮮亮麗的美人兒不見了，換成一個穿著廉價衣裳，那裂了縫的名牌包依稀可見她過往的風光。

打聽之下，原來是她的未婚夫虧掉她大半的積蓄，現在背負著債務還得為夫婿的投資絞盡腦汁。很多人都勸她離開對方，但她的回應是：

「我真的很愛他，我們都快結婚了，已經走到這一步，我當然得咬緊牙關撐下去。」

她周遭的朋友都替她惋惜，但無論怎樣都勸不聽，最後當然沒有任何人參加過她的婚禮，聽說她也跑到另一個城市躲起來，失去了她的消息……

為什麼我對這樣的故事很有感觸，因為在感情路上也不慎遇過這樣的渣男，當然最後我選擇離開了。而對方有因此活不下去嗎？當然沒有，他會繼續玩弄著類似的手法，直到找到一個足以支撐他生活方式的對象……不過那已經不關我的事了。

我常常有一個感覺，特別是那種會在你面前出現極端語言，非得逼你掏錢相助的那種人，如果你轉身離開，對方一樣過得很好，並非他口中的「活不下去」，而你真正的痛苦才要開始……

所以，別為他人擔太多的心，每個人最後都能找到出路，而你，為什麼要當那個「活菩薩」呢？

很多時候我們會因為別人的不幸而被拖下水，來自一種習慣嗎？原來不幸也會成為習慣，你因為別人的不幸，而讓自己變得更不幸，這是最傻的做法。

之前請拖欠幾個月房租不繳的房客搬家，家人告訴我：「如果對方可以多少付一點，就繼續讓他們租下去吧！」

但我的決定依然是：堅持請對方離開。這並不代表我不通人情，而是一個不斷說謊的人，不會因為你的善心而停止說謊，而你給他機會，只是縱容對方在你生命中不斷的攪和。

有些人會習慣性的接受某些狀態，不管好或不好。

「就這樣吧！反正都怎樣怎樣了……」然後暫時漠視那些痛苦，直到痛苦再來一遍，再繼續抱怨，形成無止盡的惡性循環。

這不是說你就完全不要去幫別人，而是該幫才幫，幫不了的就最好放手讓它去，因為你不是神，無法普渡眾生。

而什麼是該幫的，什麼不該幫，這就有賴觀察，有些人你只要伸手扶他一把，他就能自己站起來，你當然要幫。但有些人連站起來的努力都不願嘗試，只會把你拉下去一起重摔。這樣的狀況你還是趁早走開得好！

所以凡事替自己設下一個限度，不要沒頭沒腦的一頭栽進去，還越陷越深，這就是完全失去理性，還成了別人的陪葬品。

把自己放在第一位

沒有人能真正替你著想，除了你自己。

有些人總是特別喜歡為人著想，出自於一種善良本性，但往往這種善良卻成為他人利用的工具。因此，對這些人來說，把自己放到第一位才是重要的課題。

的確，人都希望自己有種「被需要」的感覺，用這種方式來認可自己，感覺自己的重要性。但這種感覺如果無限擴大，會變成你好像很好「利用」似的，招來那些小人的覬覦。

有沒有發覺，當有人想處理一些小事時，自己覺得麻煩，卻會找來那個最好說話的人——說是最好說話，應該也是心腸最軟，耳根子也軟的傢伙，經不過別人三言兩語立刻衝鋒陷陣，一副捨我其誰的模樣。當他表現得如此講義氣時，別人又是怎麼看的呢？相信一旦有麻煩，那個找他幫忙的人跑得比他還快，所有問題的後果必將由他承擔。

你問怎麼會有這麼笨的人？這種愚蠢因子無論在你我身上都曾有過，不管是對朋友、情人，我們是不是也常常因為感情用事而付出過多，甚至喪失自我在所不惜。但通常最後換得的是後悔莫名，而不是絕對的「值得」。

這就像欠錢不還的道理一樣，借錢時低聲下氣什麼保證都說得出口，但這樣的人卻不會考慮別人的損失，因為他的利益永遠比別人優先，因此一旦到手之後，接下來苦的會是別人而不是他。

而相同的手法不會只出現在你身上，也有別的受害者，所以你並非是對方心目中最重要的人物，而是跟其他受害者有同類型，都是那種被需要的感覺。只能說：「心軟不是罪，卻是對自己殘忍。」

會以付出得到別人的肯定，除非是親情，其他的多半來自於內心的脆弱，習慣付出或習慣犧牲，原本是很好的品行，但放在當今複雜的社會卻是行不通的，倒楣的只有自己而已。

因為當別人自私時，你也要多為自己著想，因為最終牽連的可能不會只有你而已，可能還包括你的家人，關心你的親朋好友等等。如果我們連自己的狀況都沒有拿捏好，又有什麼資格去成為他人的靠山呢？

這並不是說完全不要幫助別人，而是視情況而定，至於是哪種情況？就是先衡量自己的能力，先把自己擺在前面思考，行有餘力再幫，即使有所損失也會在你能承受的範圍內。

真正在乎你的人，不會任意要你為他犧牲，即使幫忙也會有所回饋，而那些只知道無盡需索的人，卻純粹利用人的善良和單純，一旦你沒了利用價值，會毫不猶豫的轉身走開，留下一堆爛攤子讓別人來收拾。而這又是哪來的尊重跟體諒。

別讓自己的善意成為生活上的絆腳石，你可以有更重要的計畫去實行，有更多的夢想等待實踐，而不是別人的夢想。

與其去幫助別人實現夢想，期待對方會記得你，還不如先讓自己成功再回頭拉人一把來得好。先把自己放在不墜的地位，再去成為別人的貴人，總比半山腰上被拖下水來得好。

總之，不要因為過度犧牲而沒了自己，有些時候緩一緩、先思量一下再作決定，你將會發現什麼才是最重要的，而不是老把旁人的事擺第一優先。

如果你累了，就對自己說，休息一下吧！別人不關心你，你要學會自己關心自己。

CHAPTER04

克服怯懦的自己

我們都是孤獨的刺　，只有頻率相同的人， 才能看見彼此內心深處不為人知的優雅。

——《刺蝟的優雅》 妙莉葉・芭貝里

不要輕言放棄

把每個良機都當成千載難逢的機會，一旦失去便不可能重來。

最近收到一位年輕讀者的訊息，內容說到現在的職場生涯，她有些感嘆的說：「不喜歡大人的世界！」

這並不代表對方沒有好勝心，相反地，她對自己的要求甚嚴，凡事都希望能做到盡善盡美。但她這樣的感觸似乎跟近年來我看職場的生態，感受有點不謀而合。

當你走過一段歲月再回頭看，你就會懂得比較，而新一代的年輕人沒得比，因為她一開始步入職場就是一個競爭激烈的環境，這狀況似乎一年比一年嚴峻，每個人都想在資歷上競爭，執照比誰拿得多，連逢迎巴結這等事也變得是一種稀鬆平常的手段。

當回顧年輕時那種同事間和睦相處，中午一起快樂聚餐聊私事，下班後相約逛街、相互串門子的時代已經一去不復返了。取代而起的是每個人都戴起了面具，用利益來衡量一切，你會希望遇到貴人，卻不會想成為別人的「貴人」。

過去我會在路上遇到同事，大家大聊工作遇到的「鳥事」或幫你介紹更好的工作，面對主管的不公平會為你抱屈的時代已經過去了。現在，誰不是拚命想爬到別人頭上，無所不用其極想擠進更好的位置……

沒錯！既然這時代競爭越加激烈，你就得面對現實，認清在職場上已經沒有所謂的「朋友」，只有因「利益結盟」的伙伴，沒人要跟你掏心掏肺，如果你還這麼做的話就是個傻子了。

既然在競爭激烈的職場，那就表示絕對不會有好的「位置」等你太久。你以為你能力過人，資歷夠雄厚，但很抱歉，這是一個「人外有人、天外有天」的時代，永遠有一大堆人有更優越的條件。

你期待主管或老闆的「有情有義」，可能只是當下眼前的狀況，背地裡誰不是先替自己盤算？

永遠得記得：當你風光時有人眼紅，當你低潮時很少有人會願意伸出援手——如果真有這等好人，那你真應該感謝老天送來一個天使關照了！

所謂找對象靠運氣，職場生涯有時也是靠那麼一點點的好運，有些人就是會在職場上遇到一些運氣，譬如遇到重視（或識貨）的老闆或主管，但你也不要把這些視為理所當然。或許你的付出讓別人看見，但並不代表你永遠都會是最顯眼的那一個人，你所在的位置非你不可。人永遠都在衡量，衡量別人也在衡量自己的利益。

所以進入職場的遊戲規則就是：當你占到一個「天降好運的位置」時，千萬不要輕言放棄，無論碰到多大的困難，只要你堅持得越久你的地位就越穩固，即使後來有人超越你，但也難以震撼你的角色。

這讓我想起過去一位主管跟我提到所謂「大屁股」的角色，當時他是有些在嘲諷那些平庸的員工能在位置上熬很久，然後「小媳婦也能熬成婆」。如果你是個能力飆悍的傢伙，那不是加分再加分了嗎？

時代在改變，好的機會越來越少，而人才越來越多，因此像獵鷹一樣緊緊抓住那難得的機會，才是現代人的致勝之道。

不要害怕嘗試

勇於挑戰自我，嘗試一些新的機會，不讓生命留白。

在有限的時間精力下，不要害怕給自己一個嘗試的機會。

面對不知的未來我們難免會恐慌，擔心付出無法如自己預期的效果。很怕丟出去的金錢與精神白費……但這並不足以成為你放棄的理由，因為如果沒有任何行動那表示你已經先認輸了！

如果光坐著空想卻不行動的話，那件事情始終會成為擱在心裡的一個障礙，數年之後，依然會成為心中的一個疙瘩，總覺得「唉呀！要是當時我有去做就好了！」

更誇張的還會把這未完成的心願去怪東怪西，造成身旁親友之間的衝突。

真實的狀況是，只要你想去做的事沒人攔得了你，除你給自己找理由——一個退卻的理由。

你可能會怪身上的資金不夠、最近工作太忙、家人跟另一半的意見很多等等，但所有問題都可以找出解決的辦法，就看你有沒有強烈的決定和毅力了。人的意念很容易牽引出一個方向，光說不練、光想不動，那表示你只是在找拖延的藉口，而不是在想前進的辦法。而這些藉口事後想起來，會讓你覺得後悔。正因為沒有行動，那些期盼永遠只會存在心中，像一團迷霧解不開。

到底該不該行動？做了會後悔，還是不做才會後悔？結果真如你所預期的嗎？

不知你是否有試過，有時你很不想出門去做一件事情，或見一個人，這時在心裡你已經先替那件事打了很低的分數。但等你真的克服心裡的障礙前去時，經常意外發現自己度過一個非常愉悅的時光，完全出乎你的想像。

你要硬歸於「莫非定律」也行——就是一些未知的事物往往顛覆我們的想像，而有完全相反的發展。

這就像晴天帶傘的道理一樣，你永遠無法預期那些不可知的未來，唯有行動才能印證。與其在那裡矛盾猶豫，還不如實際去做，才能真正看清事情的原貌，到底是不是真如你所想像。

所有的經驗都會是一種收獲——無論成與敗，那些在我們生命中走過的歷程，都可以化成生命中的養分，讓我們成長得更有智慧，在面臨人生的下一個課題，更知道自己要的是什麼。

有沒有聽過「失敗為成功之母」，不要害怕失敗、也無須過度擔心，因為想得越多你反而越難跨出那一步，而讓機會平白消失。即使失敗又如何？一次的失敗也不代表人生就此完蛋，歷史上許多偉人、科學家不就是從無數的失敗中累積經驗，最後才達到勝利的彼岸。失敗不可恥，反而是令你更堅韌，培養出越挫越勇的鬥志。

就算是失敗也能帶來一些收獲——想想你遇見過的人，很可能是你下一個創業的幫手，或者你會更清楚什麼樣的事是你不該碰的，這就是一種成長。

抱著不做會後悔的心態去挑戰每一次的機會，讓生命更充實，才是一個不後悔的人生。

保持距離為上策

無論是友誼或感情都需要給彼此保留一些空間，適度的距離是情感保鮮的最佳方式。

如果想跟別人保持良好互動，重要的原則無他，就是「保持距離，以策安全」。

這意思並不是要你在他人面前戴著一張面具，或是表現得拒人於千里之外的模樣，而是懂得跟人之間保持適當距離，不會太膩也不會過度疏遠。

其實很簡單的道理，你想想平常跟誰最沒大沒小，又最多衝突？答案當然是家人。因為跟家人無需偽裝，更不用費心說些場面話，在口無遮攔下彼此當然少不了摩擦，即使是最好的兄弟姊妹也不可能完全不吵鬧。但走出家門，你要應付的人遠比熟悉的家人複雜多了。就算剛好遇到很喜歡的對象或朋友，感覺親切，那可別又犯了在家的老毛病。因為外人跟你一旦起衝突，對方大可一走了之，不像家人一樣——天涯海角都抓得回來。

另一方面對於來自不同環境成長的人，或許你們有某些契合點，但並非是完全一模一樣。一開始相處當然會讓你先看到優點，有些毛病則會刻意隱藏。不管你是否能接納，但是拚命想看透對方、挖出對方的毛病，這對人際關係會是一大損傷，特別是對你非常喜歡的朋友來說。

很多人充滿熱情，一遇到跟自己聊得來的對象便「霹哩啪啦」，連祖宗十八代的故事都抖出來了。好聽一點可以說這人很「坦誠」，但實際來說這未免太不帶腦了吧？表現熱情是可以，但有時還是得替自己留個後路吧！

特別是現代社會上有很多包裹著心機的蜜糖，一開始會為了某些目的而百般討好，甚至會讓你覺得對方是世界上最貼心的人，與你心有戚戚焉，好像是一個不可多得的「麻吉」，但事實真是這樣嗎？

人品是需要時間去應驗的，沒經過相處，或經由一些事端發生，你是很難看到別人真實的那一面。太過坦率的後果，很容易一步步踏入陷阱，對方在算計而你卻掏心掏肺，很快把對方當成姊妹淘、兄弟檔，最後等那一天

「時機成熟」時，你掉入圈套才後悔莫及。

越是你在乎的人越需要多花心思去維繫那段感情，這不是要你學會偽裝，而是懂得跟任何人都保持適當的距離，即便再好的朋友也是。只是這距離可遠可近的差別。你當然可以跟投緣的朋友親近些，但卻別沒頭沒腦的把對方當家人一樣，什麼事都直來直往，連你最隱私的事全抖出來。

要認清人與人之間在渾沌不明時，你對陌生人都會比家人客氣，因為互不了解所形成的距離感有時特別美好。

這就像你去一個地方旅遊，可能遇上一兩個好人，就讓你覺得那個地方如天堂般美好，而你的看法往往跟久居當地的人有很大落差。這如同人與人之間的距離一樣，懂得跟任何人保持適當的距離，反而能增進彼此的情誼而減少摩擦。

更何況有時想法是一時的，如果你當對方是「好兄弟」、「閨蜜」可以無話不談，卻往往因為話說得太多太快，不小心造成對方心裡的疙瘩也不一定。當然，你會以為好朋友之間哪會這麼計較，但人與人之間的感情猶如潮汐，偶而也會陷入低潮甚至面臨競爭關係時，到時你可能對自己的直言而後悔萬分。

這並不是叫你去說謊或是偽裝，而是懂得保有一塊私密的空間，你可以和好友共享歡樂時光，低潮時給予對方關心，但注意依賴心不要太強，多給別人一些空間，也給自己一些空間，這才能永保友誼的長長久久。

別當應聲蟲

不想得罪他人的話，至少你可以選擇沉默走開。

你會發現那些想跟你成為朋友的陌生人，一開始總是會表現得什麼都跟你一致，當你有什麼想法，對方也說：「對呀！」甚至你提到一些人生經歷，對方也附合：「我也是一樣耶……」

事實上，等你慢慢了解對方之後，發現事實跟對方說的有很大落差，這時候你會有什麼想法？

其實你也不用太訝異，想靠近一個人或是想打入某些團體，去「附和對方」是最快最有效的方式。因為在你對於對方一切都陌生時，所有事情無從求證，也很容易因為對方所說的某些相似點而真相信對方。這的確能很快讓人接納，而展開接觸的第一步。

但如果是違背心意的說法，即使加入了也會讓人很不舒服。尤其事後被發現，其實對方根本不像自己所說的那樣，就有種被揭穿謊言的感覺，所受到的待遇恐怕是背道而馳了。

不管如何偽裝，謊言總有被揭穿的一天，特別是假裝自己是另一種人，實際卻不然。即使短時間騙得過他人，卻騙不過自己。再笨的人相處一段時間後，總是能發現真相，這時所謂的友誼只是曇花一現而已。

同樣的道理放在任何人身上，是不是我們有時候也會不由自主的想附和他人，為的是得到同樣的認可，希望自己不被邊緣化，渴望得到更多的友誼。但任何違背本意的事，最後得到的會是反效果，甚至無形中傷害了個人的形象。

有一種科學研究發現所謂的「群體效應」，就是當你置身在一個群體中，往往會失去個人判斷而隨著群眾起舞，也是一種「雞群」效應一樣，別人喊打喊殺，你也莫名其妙跟著衝上前去而沒考慮到後果。這無論放在工作或朋友圈不也是很像嗎？

當一群人在茶水間「嘰嘰喳喳」批評上司時，你也跟著應和兩句，事實上心裡卻不這麼想，萬一不小心話傳了出去，對你也會連帶造成影響。

雖然有時候我們是需要配合他人行事，卻也不能完全毫不經過大腦思考就袋去附和，所謂的團隊合作是有一個正確的目標，而不是貿然去附和他人。有時明明不是你的本意，卻替自己招來麻煩，這才是最令人搥心肝的。

特別是那些有心人士更容易耍弄手段，讓別人照著自己的計畫進行，最後他人成了砲灰，自己卻全身而退，而你會希望成為被利用的工具嗎？

別人希望你「順道」幫忙拿東西，載他一程，而這些「順道」卻給你帶來麻煩，因為你根本就不是「順道」，當你讓別人形成習慣之後，要來改變已難，甚至那天你做不到時，反倒成了你的錯一樣。

那種從眾性也可以解釋為一種「奴性」，因為害怕跟別人不一樣，怕拒絕別人而被排斥，造成了不敢表現出自己真正的想法，總是得犧牲自己去成全別人，這是一種性格上的缺陷。如果不能善加改進的話，對自己只有害處沒有益處。

人越是害怕跟別人不一樣，就越在乎別人的看法。越在乎別人的看法，就越會忽略自己的感受。越忽略自己的感受，就越像木偶一樣拚命活給別人看。最後，將自我一步步逼進黑暗的牢籠裡。

換個角度想，如果你突然真誠表達出自己的想法時，如果跟他人意念有所違背而被冷淡，那不也正看清楚那並不是適合你的團體或朋友。離開那樣的人們反而對你是件好事，你把位置空下來，等待更適合你的朋友出現，那才是讓你真正感覺舒適的圈子。

學習如何自處

所有目標的追尋都不會是平坦的，堅持你所要的，成為你想成為的人，就必須忍受孤獨的過程。

人是群聚的動物，相信沒有人會希望孤獨，也害怕寂寞，於是我們總是會希望擁有自己的圈子，無論是就學、工作乃至步入社會，都希望不會被孤立。

有些人還會因為害怕寂寞而及早步入婚姻，就是怕被人群遠遠拋在後面，總是希望無論何時都能團體行事。但很矛盾的，中國人又是最不懂得團結合作的本性，凡事喜歡爭奪，於是所謂的「朋友圈」其實充滿變數。

會想擠進一個小團體最主要是害怕被排斥，怕被貼上「邊緣人」的標籤，好像「沒朋友」是一件非常羞恥的事，代表人生失敗。

我曾經看到一個剛竄起的好萊塢明星提起：「現在我已經站在山頭卻倍感孤寂，但山下真的太擁擠，我還是寧可選擇現在的狀況。」

這句話正說明了當你要有所成就時，孤獨是必然需要忍受的。

雖然一群人有一群人的溫暖，但缺點是往往容易壓抑某種聲音跟慾望，因為大家都希望你變得跟他們一樣，如果你太常唱反調的話，很可能很快就會被踢出群體之外，成為一種「異類」。

拿我最近參加的進修課程來說好了，當老師說要分組做報告時，大家拚命把隔壁看起來在找組員的人，管他認不認識立刻報名以免落單。但等真正開始「動工」時才發現慘了！

明明你想的是這樣，但多數人跟你不同看法，你只好配合，雖然你覺得自己的想法更好。

一回在解釋老師要我們報告的內容上，明明就發現有些偏差，但大多數人都還是傻傻往那個方向做，雖然心裡不怎麼同意，還是悶不吭聲。果然，等站在台上發表結果時就被老師否定了，證明自己原先的想法才是對的。這就是群體效應。

你會因為擔心被排擠而不敢說出真正的聲音，不敢做最對的事，這就是一個團體的缺點。光看那些盲目走上街頭，卻不知道自己為什麼走上街頭的集會遊行，只要有人帶頭喊打喊衝，群眾很容易受到鼓動，做出不分青紅皂白的舉動出來。由此可見：群眾往往是盲目的，往往都是由那些喊得最大聲（最強勢）的人領頭，少有重視個人不同的意見。

當然群體也會有好的，譬如工作上你遇到一個好的團隊，讓你事業更加分，不過在遇到這樣優秀的隊友之前，你得先把自己提升到同樣的層次對吧！

如果你把它想像成「人生不可能一帆風順」，你也可能不小心掉進一個不對的群體之中，或是你已經在進步了團體還在原地踏步，這時的出走就需要相當大的勇氣。

忍受一段時間的孤獨是必然的，因為你要的方向跟群體不同，你有更明確的目標，而不是只想待在舒適圈取暖。

孤獨是獨立的開始，也是讓你有更多思考空間的方式，這就像毛毛蟲要破繭而出的必經過程一樣，會有一段艱辛跟痛苦的掙扎。但當羽化為美麗蝴蝶時，卻能贏得許多的讚歎。

所以認清你的目標，把孤獨視為理所當然，才能走出一個困住你的環境，追求更高的理想，創造更美好的未來。唯有忍受這一段孤獨的過程，才能得到你想要的結果。

面對困境的心態

永遠不要相信那些慫恿你的人，而是相信自己的判斷。

很多事情是真的靠經驗及教訓才會知道。當我終於可以無債一身輕，重新恢復信用之際，回頭開始買房子計畫時，卻發現房價已經漲得讓人無能為力了……

特別是在我剛好翻到十年前，記在筆記本上的找房過程，有一種不勝唏嘘之感。

這不禁讓我想到：「人為什麼會失敗？」這種問題。每過一段時間回顧自己的過去，這不是老人家的回憶，而是為了時時提醒自己，你做錯了什麼？又錯過什麼？這是我們在回顧人生時需要謹記的「教訓」。

而我在回顧時，歸結自己最大的致命傷，就是在三十幾歲那年無限制的擴張信用。雖然花的錢不是供自己揮霍享樂，而是被最親的人騙投資，但能說我不該負起責任嗎？因為下場就是，交情沒了，債還得自己扛。

負債的痛苦不只是生活品質降低，你無法隨心所欲追求理想之外，甚至影響往後十幾年、二十幾年的人生。試問：你有幾個十年？如果你能事先多想一步，也就可以避免往後痛苦的人生。

雖然對有理想抱負的人談錢俗氣，但不諱言經濟狀況往往是奠定許多夢想的基礎。現在看看，我在人生中做出最大失誤的決定是怎麼發生的，也提供給大家一些警惕跟參考。

聽信他人的饞言——

先提到最重要的一點就是：「切莫聽信他人的饞言。」

不管對你提出意見的人跟你有多好、多親近，又或是對方可能沒有別的意圖，但很多人就是這樣：喜歡給人亂出主意，用自己一知半解的無知往別人腦袋灌水，希望別人聽他的，卻不會替後果負任何責任。

尤其人在舉棋不定或脆弱時是最容易受影響，這就像溺水的人急於抓住一根浮木，這時判斷能力非常低，很容易就被人左右。像是想抓住一個岌岌可危的感情，更容易掉入對方設下的陷阱。

這有點像是惡性循環，因為太怕失去，你已經失去太多，反倒讓自己失去得更多，陷入無底深淵。更弔詭的是：當你深陷低潮時會發現，似乎霉運接踵而至，把你團團困住，連原本的貴人都會變小人、好友成陌路。

這時誰能救你？沒有！除了你自己。

這句雖然像是老生常談，但事實的確如此，只有先調整好自己，靜下心來找出路，其他沒有別的。

記住，你所有的決定都必須自己扛，先了解到這一點，再去評斷別人給你出的主意。

感情用事——

對重大決定我們很容易犯下大錯也來自於：感情用事。

多半我們運用理智決策時，再怎麼差也不至於影響太大，多半也會替自己想到後路，經過多方考量才去實行。但最糟糕的是在我們做決定時，參雜了太多情感因素，因為怕別人失望，誰誰希望你這樣去做要不然對不起他，或是你很怕對方生氣，想討好對方等等。

一旦我們的行為跳脫理智圈，那麼就很容易成為別人利用的對象。別人為什麼「希望」你這麼做，無非是對對方有利，絕對不是把你考量進去。要看清人的本質都是自私的，會先為你著想的除了你的父母或家人，因為他們的付出不求回報，也不會希望你過得不好。但是除此以外，如果你遇到真正無私的朋友，那真是恭喜你：遇到聖人了！

畢竟這類情況少之又少，社會就像是叢林法則：弱肉強食，別先去期望別人的憐憫之心，站在一個競爭的市場裡，弱者永遠是先被犧牲的一群。而心軟的人當然也是屬於軟弱的一群。

這社會充斥太多的謊言跟假面具，你不可能個個看透，因此在情感交流時我們可以退讓，但在正事上還是公私分明才好。千萬不要因為一時的衝動而壞事，也不要因為心軟而做出盲目的決定。

學會保護自己

保護自己就是少說多觀察，可以避免被拖下水，防止被小人暗算。

保護自己的首要課題，就是先學會閉上嘴巴——先用眼睛看、耳朵聽、而不是嘴巴說個沒完。這不是教你不與人溝通，而是該講的可以講，但千萬不要沒頭沒腦的衝口而出，這往往會導致後悔的結果。

不該講出口的話最好保持沉默，而且話說出口前先經過大腦消化之後再說出。

生活中我們難免會遇到小人，而讓對方有機可趁的原因在於，我們那些未經過大腦說出口的話——那可能是無心傷到對方或是不小心透露了自己的念頭跟隱私，這都很容易遭到有心者的對付。

我們會發現，那些最聰明的人往往都是話很少的，他們大部分時間都用在觀察和思索。像是那些真正的天才，你會發現他們多半是「省話一哥」，而能真正藏住祕密的人，反而更能贏得他人的信賴。

因為誰都不希望朋友把自己告訴對方的私事全都抖出來，特別是低潮時所有的抱怨、訴苦。一旦有人能做到守口如瓶，相信更能贏得真正的友誼。

這不單指別人告訴你的祕密，自己的也是。有時候我們只是一閃而過的念頭，其實不代表之後你也是這麼的想，但一旦話說出口，就已經給人留下印象，認定你就是這種人、這樣的想法，事後想再來反悔已經很難。

你需要一些隱私——

面對資訊滿天飛的網路世界，很多訊息一下就能廣為傳播，這算好還是不好？正面一點來說：我們可以知道的訊息變多了，但缺點也不少。因為很多事情一攤在陽光下，只會引來更多的競爭者，然後你能享受的空間被擠壓了，又得費更多力氣才能鑽出頭來。

凡事先替自己打算——

先顧好自己再去管別人。有些人的天性善良，看到別人的請求馬上心軟……但你是否有先想過自己有沒有這個能力，或是當你幫了忙之後是否惹事上身？

從職場上經常碰到的，像是同事請你幫忙，你熱心相助結果耗費大量時間，自己的工作卻擺在一邊，到頭來被上司盯得滿頭包的反倒是你。你很熱心「順路」幫朋友拿包裹，卻發現自己隨便停的車被拖吊……

這些都是舉例，相信有些人會有類似的經驗：「明明我很熱心，為什麼倒楣的是我？」其實你正犯了一個嚴重的錯誤，就是沒先衡量自己的狀況。

每個人的時間都一樣，你的一分鐘也是別人的一分鐘，並不會因為你花時間精神幫了別人而讓你多出許多時間。在幫別人時也要想想自己是不是有更重要的事情要做，或是當下情況適不適合去做。

如果無法當下決定，不如給一個模糊的答案吧！像是：「我再看看情況吧！」「如果…也許我就可以幫得上忙。」給自己預留一點拒絕的空間也比較不會得罪人，「或許」你真的那段時間有空，舉手之勞反而贏得加倍的感激。

保護自己不是要你自私，而是叫你學會避開自私的人們，畢竟真能設身處地為他人著想的人不多，每個人都為自己，那你又何必成為那個「犧牲」的傻蛋呢？

保持安全距離

適當與人保持距離，反而能保有更佳關係。

人與人之間關係拿捏的分寸很重要，無論是朋友、師長、親人之間，有時往往因為太親近而使我們忘記分寸，也影響了人與人之間最美好的關係。不知你有沒有發現，往往我們最容易亂發脾氣的會是自己的家人，對於好友反倒口無遮攔。

而對陌生的外人總是展現自己最有風度、最美好的一面，這是怎麼了？不是應該相反嗎？

心理學家把這現象歸之於一種「安全感」。

就是對於我們所熟悉的人事物更能放鬆。在放鬆之下，也就越加沒有忌憚地表現出自己最真實的一面了。這樣的狀況好或是不好？其實見仁見智，但不管對誰，我們都應該有所節制，表現出良好的教養跟風度——如果你希望贏得尊重的話。

有些事情該自己承擔的，就不要推到別人頭上，別以為跟對方夠親了，就覺得理所當然該幫你忙或是成為你的情緒垃圾桶。該有的風度禮節應該不分親疏都一視同仁，這才是一種公平。

想贏得尊重不是過度討好外人，來求得他人的認可。因為他人對你的評價，往往是從平日的一言一行，而不是一時的偽裝可以掩飾得了的。而對自己親近的人過於隨便任性，卻對外人表現周到，是不是有些本末倒置了？

無論跟對方的交情如何，畢竟沒有人會是你肚子裡的蛔蟲，什麼都能投你所好，當有衝突時還是需要多多溝通，而不是耍性子、發脾氣，即使手足也有不少翻臉的例子，更何況是不在同一個屋簷下的外人。再好的朋友也一樣，還是得保持適當距離，該保留的還是得保留，別傻傻的什麼都掏心掏肺，等哪天環境改變、利益有所衝突時，才後悔莫名。

另外，在做一件事情時能為人多想幾分，或許朋友之間的衝突就能減少許多。在與人相處上話不要太快說出口，包括承諾也是。不管親疏遠近，話先在腦海裡過濾一遍，所講出來的結果會好很多。至少你可以把話說得更婉轉，而不會隨便刺傷對方，也替自己留有一個後路。

別傻傻的對任何人都坦白得一清二楚，即使最要好的「閨蜜」最後可能是最容易背叛你的人。所謂「忠誠度」那是在毫無利益糾葛之下，最理想的狀態，所以不如一開始，就先顧好個人隱私，以免將來成為攻擊的把柄。

我們可以不當一個小人，卻無法防備一個會算計你的人，能事先預防勝於事後來收拾殘局。因此還不如先謹慎行事，表現出你最好的一面，對大部分人一視同仁，這樣也能避免將來可能的傷害。

先把最壞的狀況設想在前，你就更能要求自己做到滴水不漏，從容的應付每一個環節。而別人不會對你有所保留而計較，反而更尊重你拿捏的尺度，更加贏得尊重。

保有赤子之心

保留成長過程中最好的部分，並用成熟的態度去維護。

《藍色大門》大概是我看過最好的一部青春錯愛電影。結尾裡，張士豪對孟克柔這麼說：「但是總是會留下一些什麼吧，留下什麼，我們就變成什麼樣的大人。」二〇二二年，知名汽車找兩位主角合拍廣告，延續劇情的說：「儘管時間在變、儘管我們在變，但我們沒有變成我們討厭的大人。」

很巧的，最近也聽到年輕讀者說：「我不喜歡成人的世界。」

這讓我有點訝異，因為這樣的心聲已經很久很久沒有人提起了。當我聽完後，不禁為這位讀者的單純脆弱而感到心疼，雖然我不知道她在職場上遇過什麼磨難，但至少說明了她的確有一顆單純而善良的心，以至於跟複雜的社會格格不入。

記得過去曾看過一部電影《拒絕長大的男孩》（Die Blechtrommel），這個故事圍繞在一個小孩的眼光去看成人複雜的世界，因而抗拒長大這回事。但現實中我們依然會成長，不管我們多麼懷念單純的孩童時代，依舊得投入這個社會，與惡交鋒，與善為鄰。

然而我們唯一能保有的，或許就是那麼一點點的童真和對事物的好奇心。

也許我不曾像電影裡所描述的，小時候的我倒是渴望可以快快長大，這樣就可以自己決定做什麼就做什麼，沒有人管得著。可以獨立建構出自己想要的生活，不必在父母的安排下，一定得接受他們那樣的生活方式……

的確，長大唯一最大的好處是你有了更多的選擇性，你可以自己做決定，但同樣的你也得付出努力。不會再有人幫你張羅三餐，給你零用錢或幫你繳學費，一切都得自己來。你得去工作賺錢，像你的父母一樣去維持生計，這就是真正成熟的大人。

當你可以做決定的事情變多了，你會怎麼做？這決定你的命運。畢竟未來就像一張白紙，你想怎麼塗抹你的未來完全由你決定。這是成人的好處，也是成人的缺點。

不知道你何時真的把生活的決定權拿回手中？還是即使長大了還得靠父母幫你決定一切，包括工作、資金、婚姻等等，那你可能不能稱之為「真正的大人」，只是還依附在父母身邊的「大小孩」而已。

什麼時候我們才能真正意識到自己的獨立？可能一直在心中都對父母有一種孩子般的連結跟依賴吧！

但不管如何，我們想保留心中的那個小小孩，也未必是一種不成熟的表現，反而會讓我們更有趣，也更受歡迎，這跟我們成人的世界未必相抵觸，反而有加分的效應。

保有赤子之心——

不管成就再高、知識再豐富，懂得保有一顆純真的心靈，可以讓我們變得更柔軟、更有同理心。

也因為這樣可以讓我們更具幽默風趣的一面，能帶給周遭人歡樂也娛樂了自己本身。正因為天真，所以保留最純潔無暇的一面，也讓人看到最真誠的本質。誰說保留天真的一面不好呢？

這種天真不是智能低下，而是帶著初心，相信沒有人會排斥孩童的童言童語，也經常被這些舉動逗得開心。因此保留那份赤子之心，卻又能以一個成熟的態度表達，誰說這不是更完美呢？至少你不是瞎鬧而是懂得替周遭製造歡樂。

保持好奇心跟創造力——

無可諱言的，兒童是最具有想像力跟創造力的階段，你不用去激發它，因為本性如此。隨著我們接收的資訊越來越複雜，這一部分似乎都被我們遺忘了。然而好奇心跟創造力才是人類進步的原動力，即使是在一般的生活上，也能給我們帶來更棒的思維，改善目前的處境。這種原創力可以運用在生活、工作，甚至感情上，無一不是具有加分作用。

當我們要成為一個更成熟的人不是選擇逃避，而是保留心中那份最美好的部分，並運用智慧的方式去處理生活瑣事。成長代表一種獨立，卻不失赤子之心，相信就能帶給別人快樂，而你也能享受到生活中的種種樂趣。

不能等待別人來安排你的人生，自己想要的，自己爭取。

CHAPTER05

創造自我的價值

拋開所有藉口，記住這一點：你有能力。

——美國作家　吉格 · 金克拉

我們需要「進化」

先努力讓自己變得更好，自然會吸引到跟你同樣特質的人接近。

學過一點生物的人，想必對達爾文並不陌生，進化論的核心是自然選擇原理，其大意是：物種會因應環境的變化，進化出更適應生存的模樣。而身為萬物之靈的我們也一樣，如果我們不順著環境變遷而改變自己，很快會被時代的洪流所吞沒。而順應環境是一種、創造個人的價值也是一種，兩者都可以突破現況，但後者更容易達到我們理想的人生。

理想人生最重要的環節當然是擁抱幸福感，無論是來自事業上的成就、感情婚姻生活、社交圈等等，這都跟幸福感息息相關。當我們內心的衝突跟現實充滿矛盾的時候，就是提醒你需要調整自己的腳步了，而不是任由生活將你帶往未知的方向。

隨波逐流恐怕就是最危險的生活方式，因為對未來缺乏目標，不知將會墜落還是繼續乏味的過日子。

讓自己不斷進步是一種追求幸福的過程，也許沿路會遇到不好的事、不好的人，但大方向不變，你無需為任何人做改變，特別是那些與你無關痛癢的人物。而你的人生由自己塑形，這是誰都無法介入改變的。

當你羨慕著別人開起工作室，有一群優秀的伙伴一起打拚，覺得十分羨慕。但背後的辛酸跟努力你可能看不見。羨慕有些人總是能認識優秀的伙伴、貼心的伴侶、處處受人讚揚，這是一般人都夢寐以求的，但是你能嗎？

其實每個人的潛力無窮，但看你有沒有把它發揮出來。人是群聚動物，但相對的也是同類型的人們會互相吸引，如果你想擁有更棒的朋友，那麼你得先讓自己變得跟他們一樣優秀才行。

我可以體會跟那種不對盤的朋友出門的痛苦，當你欣賞著遠山的美景時，對方一直跟你分析眼前的樹種，什麼樹種秋天不掉葉子啦、又什麼樹長什麼葉子等等啦……拜託！你又不是在上植物學。況且滔滔不絕的對方也未必說得對，只是想騙騙那些比他更無知的人。

前幾天朋友跟我說，「我發現以前一些很常聯絡的朋友，現在都不太聯絡了，因為現在很忙，沒時間聽他們抱怨，他們也就很少打給我了。我有段時間因此而覺得難過。」不是因為不愉快，討厭了，僅是大家走向不同的路了。

其實，這樣挺好的。不要再拿自己有限的時間，去維護這些充滿負能量的情誼，有些人，不再聯繫，才是最好的聯繫。

這就是一種警訊。當你成長了，發現身邊的人反而把你的進步當成奚落的話題時，正是你應該起身離去的時候，除非你想繼續跟那群人一樣。你需要的是更能尊重你、了解你的伙伴，真正的朋友是讓你隨時感到愉悅、滿足的，而不是來踩在你頭上，告訴你：「你多麼不行！」

人需要進步包括交友圈也是一樣，同樣的，當你還繼續跟那些會挫折你的人一塊廝混，也代表著自己也沒什麼進步。

人的朋友圈會變，這是你必須認清的，不要因為感情牽絆而繼續待在不適合你的圈子裡，也無須與你話不投機半句多的朋友浪費時間，告訴自己值得什麼樣的對待，生命才能回報你以同等的尊嚴。

什麼對你才是最重要的

魚與熊掌不可兼得。

最近因為一直想完成自己的心願而回到校園，一段時間幾經掙扎，最後還是選擇了放棄。

「放棄」這兩個字看起來是如此沉重，尤其當下流行「永不放棄！」。「放棄」似乎就代表著「失敗」，代表人格上的缺失。然而，事實上是這樣的嗎？

夢想終歸是夢想，有些人堅持著夢想，但並非都能有所成。談夢想太空泛，有時夢想也得落實，一個無法跟現實結合的夢想往往流於空談，不管你付出了多少努力。

我只能說那些執著於追夢的人，除非家裡有堅強的背景，可以讓你無後顧之憂，否則你還是凡人，凡人就是得面對生活上的現實，找到自己的平衡點。如果你連最基本的生活條件都無法顧及，那麼「追夢」只會讓你兩頭落空而已。

你可能又會反駁：「人生不能留白，我勇敢去追夢有何不可？」

這聽起來當然合理，但你也可以把「追求夢想」當成人生中的某一階段，當你把一切安排好了，當然可以盡情去追夢，為理想而活。但之前呢？還是最好先乖乖認清現實，做出更符合現實的決定。

如果你可以把人生劃分為幾個階段，就算現在做的工作未盡理想，但把它當作你未來「築夢」的踏腳石也未嘗不可。就算你決定放棄一切，決定先追求夢想，那也不要一味的不計代價，而是先替自己留個後路。

這裡有個重點必須想清楚的是：「當下什麼對你才是最重要的？」

有人是感情婚姻、有人是事業財富……當你有理想雖然是很棒的，但如果跟你人生追求的目標衝突時，你就必須做出取捨，真的不要以為夢想一定會是你人生的目標，有很多實際的狀況卻是背道而馳的。

要不然，你不會經常聽到有人問：「我該放棄現在的工作去國外唸書嗎？」或者「我應該離開男朋友出國求學或工作嗎？」

當面臨人生兩難時，其實你只需要問問自己：「什麼對你才是最重要的？夢想？或是現實。」

放下當前所擁有的幸福是需要很大的考驗，人生不能重來，有些事情放下了就很難再追回。重要的是：你覺得什麼才是最重要的，這可能影響你往後的一生。千萬別等到失去了再來後悔，人生繞了一大圈才發現，原來你的夢想不是你所期盼的幸福人生。

別人的說法真的只能當作參考——

每個人實際的狀況不同，有些人走這條路不行，但另一個人卻如魚得水，不要想去跟別人攀比，也不需要羨慕他人擁有夢想的一切，你有你的優勢，別人也有他們所缺乏的，只要找到最適合你的路，那就是一種成功。

當別人給你意見時，多半也只能從他們自身的經驗跟主觀意識出發，而誰能真正了解你？當然只有你心裡知道。

你說我生活得庸庸碌碌也好，其實這也是一種平凡的幸福，有些人就是適合這樣，有些人適合那樣，不要去跟別人比較，而是先問問自己究竟要的是什麼？你又是怎樣一個人。

別人的建議聽聽就好，太認真你就輸了，輸給自己、輸給耳根子軟，最後的結果還是要自己去承擔。

不可諱言的，現在資訊發達，你有太多可供參考的意見，也擁有比過往更多的機會去選擇自己的路。往往就是因為資訊太紛雜，常常讓我們做這也好、做那也不錯，拿不定主意。

學會一種方式：「去蕪存菁」是最好的辦法。先把事情的重要性排序，依次決定什麼對你目前狀況是最重要的，就不會舉棋不定了，對「先追求夢想」還是「先顧好肚子」兩者之間，你一定可以做出最明智的選擇。

懂得欣賞別人的優點

凡事往好的一面去看，我們的世界也會變得不一樣。

懂得欣賞別人的優點是一種美德，即使在最糟糕、最難堪的情況下，也能為別人送暖，不僅可以激勵他人，也會讓別人留下深刻的好印象。因為當我們讚美他人時會帶來一種幸福感，不只傳遞快樂的訊息給對方，也為自己增添美好的記憶。

曾經遇過一個開朗的朋友，當你遇到低潮覺得自己很糟時，她總是說：「拜託！有多少人羨慕你的生活，你這麼棒，這點小事怎麼可能困住你？」當你感情受挫時，她會拍拍你的肩膀安慰說：「你這麼吸引人，還怕找不到更好的對象嗎？一定是對方不長眼……」

她天生的樂觀不僅發揮在自己身上，也對身邊友人產生了影響力，真的沒有人會不希望成為她的好友，也會感激她的雪中送炭。

有多少時候我們都忘了去看那些優點，卻愛挑剔別人的毛病，像是網路上的酸民一樣，好像沒一件事是自己滿意的。其實回歸到自己的人生，相信那些總是以負面角度看待事物的人，自己一定也不會好過。這就是一個心理失衡的狀態，覺得天下人都要跟自己一樣不幸。

負面思維就像一個舉著尖刀的惡魔，常常讓我們用悲觀的角度去看待事情，明明是一件美好的事物我們卻看不到，總是挑剔那些細微的缺陷，當別人興奮的告訴你一個好消息，你卻認為：這是詐騙集團來的吧？

人都不希望被唱反調，相信自己也是。

如果我們不善用自己正面的思維，很容易錯過那些美麗的風景，光是把焦聚放在那些討厭的事情上，而增加自己的心理負擔，生活也過得死氣沉沉。

要相信任何事情都有不同面向，壞的事也有它背後好的一面發生。

常常我們會叫人：「想開一點」，其實就是用另一個正面思考的方式，去面對問題的發生，這跟懂得欣賞他人、讚美他人優點是一樣的道理。如果凡事能往樂觀的方面思考，你會發現你的世界全然改觀，不是因為這個世界變了，而是你看事情的角度不一樣了，無形中對你造成好的影響。

人們也樂於親近那些懂得欣賞自己的人，躲避老是唱衰自己的人，沒有人會對於把自己批評得一無是處的人，覺得：「啊！你真是懂我！」

反倒是認為：「你這麼否定我，那麼我們相看兩厭，不如從此分道揚鑣吧！」

假使你希望受到歡迎，也別老是露出尖嘴薄舌那一套，只會讓人逃之夭夭，避之唯恐不及。

這不是要你說假話或做違心之論，而是真心誠意從好的面向出發，無論是給予鼓勵或是安慰，都能帶來激勵的效果，讓對方感到一種幸福感。而這種幸福也會回報到你身上，是一種無法言喻的快樂。

人往往都需要提醒，才知道自己擁有多少可貴的事物，這可能是天分、個性或是能力等等。從另一個角度來說，那些擅長處理瑣事的人，或許無法跟成功人士相比，但卻是社會上重要的螺絲釘，而連端個盤子都端不好的人，可能隱藏過人的藝術天份也說不定……端看你在哪個角度去發掘，你會發現眼前的人跟你第一眼的想像很不同。

不管世局再亂，遇到再多狗屁倒灶的事情，總是有一些美好的事情發生吧！只要我們放大那些美好，忽視那些令人厭惡的，你會發現自己的生活變得更豐富，把那些喜悅帶給他人同時，自己也被感染同樣幸福的氛圍。

讓自己變可愛，不是為了取悅誰

每個人都可以成為自己人生的主角，變成耀眼的星星。

每個人都希望被尊重，可以贏得他人的喜愛，於是會用盡各種方式去討好他人，包括第一次認識陌生人時，盡量展現自己最好的一面，即使那可能跟你的本性有所違背。

這就像談戀愛的道理一樣，剛開始誰不是蒙一層面紗，希望跟對方能走進關係裡，等交往一段時間後，你才會慢慢發現：「天哪！他怎麼跟我當初認識的那個人不一樣！」、「難道是他變了？」其實你的質疑很多人都有過，那不是因為過去的他有多完美，而是你現在看到的缺點才是真正的「他」。

在我們面對各種人際關係上，也往往是同樣的狀況。越遙遠的陌生人越覺得對方很美好，等走近一看，卻完全不是這麼回事。

其實不管是對方還是自己，我們或多或少都存有這種心態，希望對方被你吸引、希望被喜愛。於是我們會產生一種依附的心態，會想辦法在一開始時盡量去討好別人，最好是所有人——能吸引越多的關注越好。但偏偏有人走偏了，企圖運用「討好」的方式，日積月累下反而失去自己真正的樣子，不敢說出真正心裡的話，覺得做人好累，卻依然得不到肯定。

當我們要倡導「獨立人格」時，並不是要人身上帶著刺，凡是「非我同類」就排斥得遠遠地，但也無須因為太想討好周圍的人而失去自我，在這天秤兩端需要做一個適當的調節。

因此，把握住自我原則就相當重要了。

我們必須明白人與人之間相處就像拔河一樣，別人總是會不斷試探你的底限在哪裡，如果能在你身上多撈點好處為什麼不呢？因為這本來就是個功利的社會，不似校園那般單純。其實回想自己，是不是有時也是這樣。

當你想吐苦水時會去找誰？遇到麻煩時會向誰求救？當然是那個「最好

說話的人」了。同理可證，如果你是那個最「軟弱」的傢伙，往往成為別人傾訴的「垃圾桶」，因為你的不擅拒絕，讓別人很多時候都有一種理所當然的感覺。而你會為此贏得多少友誼，這點倒是很令人質疑。

有時候別人只是會當這種人是一種「工具人」而已，當等到對方慶生、聚餐的場合上沒邀你時，也不用太驚訝！因為你的功能就是「同苦不同甘」，而這一切不能完全怪罪對方，自己本身也要檢討。

當然我不是叫你變得自私，看到朋友或同事有難不幫，而是這個幫助拿捏的分寸在哪？你永遠都要先衡量自身的能力，否則連「泥菩薩過江都自身難保」了還想去保誰？

與其去附合他人，還不如成為別人羨慕的對象——

因為喜歡你、欣賞你而主動靠近。讓自己成為令人眼睛一亮的對象，讓人會想處心積慮靠近你是因為你身上的光芒，而不是你能替對方做些什麼，這才是一個高手。

把自己從被需要的人轉變成為被注目的對象，這是一種激勵向上的動力，也是扭轉自己在他人心目中地位的最佳方式。如果你的人緣來自這樣的方向，自然而然就會衝破那種愁雲慘霧，總是被當成「情緒垃圾桶」的窘境了！

決定權在自己

學會自己做決定，才能掌握人生的方向。

有一種隨波逐流叫「佛系」，有一種依賴心叫「媽寶」，現代人因為物質跟資訊的取得太方便了，經常因此染上「懶惰病」，漸漸失去了獨立思考的個性。

社會的大環境引導著不少人有「靠山」的觀念，不知不覺習慣性的依賴家庭、朋友或是伴侶等等。一旦找到穩定的靠山就開始怠惰起來。習慣性的依賴變得有事渴望別人代替自己決定，出了問題希望別人負責，最好是像一輩子躲在母胎裡寄生一般。

那你真的要問：這樣活著是為什麼呢？

我相信每個人都有與生俱來的「天命」，在生命之始就冥冥中賦予了該完成的任務。不管你相信宗教的說法也好，不信也罷！但有一種信念卻是可以讓你更覺得幸福，那就是「成就感」。

這種成就感，小到讀書時代完成一個小小的作業，大到達成你渴望的目標都算！因為完成了一項事情讓人感到愉悅的感覺，那是遠遠超過筆墨所能形容的。但如果我們失去了追求成就感的行動，就慢慢成為得過且過的人生，成了一種「隨波逐流」的過日子。

光是看社會一窩蜂現象，難道不是一種被迫自己成為「附屬品」的概念嗎？但你最終會發現這種浪費時間精力的舉動，其實對實際生活一點助益也沒有。

當我們開始把自己放在一個舒適圈，其實就已經代表進入原地踏步的狀況了。習慣於聽從，讓別人來決定自己的一切，你將覺得生活沒什麼動力，好聽一點是時下流行的「佛係」說法，事實上卻會對我們生命造成要不得的致命傷，因為你正在磨損你的未來。

因為自己的人生終究還是得自己扛，好壞終究得自己嚐，就像是跌疼了痛不在別人身上而是自己。

為什麼我們會習慣用「不作為」來做為人生方向？其實也代表對自己的督促不夠，抱著得過且過的心態，另一方面也可能是已經養成一種習慣，用過往的經驗來告訴自己：遵循某一種錯誤的生活模式比較容易過日子。

拿回你的主導權——

當你生活過得糟透了，你可以在心中喊停「夠了！我不想再繼續這樣下去了！」

如果你有這樣的認知，就是開始替自己人生做一番更新的打算，學會改變目前的處境，開始做些改變跟努力。

你必須體認到沒有誰是天生該照顧你一輩子，也沒有人真正了解你要的是什麼？因為每個人的需求不同，感受也有所差異，同樣的事情發生在某個人身上可能無關痛癢，但另一個人可能跳腳。

先了解自己是什麼樣的一個人，你的喜惡和優缺點，才能進一步規劃人生，走出屬於你的道路來。而這就是一種對人生負責任的態度。學著把主導權拿回來，由你去思考作決定，這才能把生活導向你所理想的生活。

所有的開始都是困難的，但如果你可以一點一點改變，也能改變周遭的人事物，漸漸走出困住你的環境，也能贏得更多的尊重。

築夢踏實

如果真有強烈的夢想，就先蓄積實力再說吧！

經常我們會看到一些年輕世代高喊：「實現夢想，做自己有興趣的事。」然後一堆人起而效尤。但是否有想過所付出的代價，跟你擁有的「條件」對等嗎？

一個夢想要落實，很簡單的都脫不了現實因素，也就是「經濟」，它占有很大的成分，換句話也可以解釋為：「你手中握有多少資源？」

對於一個原本來自富裕家庭，背景不錯的年輕人來說，追求夢想這種事是輕而易舉，包括他們能出國留學或是本身就是企業家族，一份工作、一個增強競爭力的學歷是不需要經過太大困難跟掙扎。

所以，你會不會發現大部分跟你談「夢想」的人都是這群人，因為他們從來沒經歷過一些苦難，他們身邊大部分也是同類型的族群，也不太能體會什麼叫作「過日子的艱辛」。就時下流行語來說：你可以稱之為：「人生勝利組」。從一開始就不平等的條件下，你有什麼理由可以跟他們競爭，或是談人生大夢。

分享了不少勵志的故事，當然也要來說說我的失敗經歷。

我也曾經有過夢想，在工作了十年後開始去追尋我所理想的人生，背起行囊遠走天涯。也夢想過找一個理想中的天堂，從此定居下來，過閒雲野鶴的一生……

當然，現實不如夢想簡單，歷經各式各樣的考驗之後，包袱收一收打道回府。當然，我承認那是一個失敗，雖然另一方面得到許多寶貴經驗跟回憶，而現實層面就是：你得為失敗的夢想收拾殘局。

但不管怎樣，三十多歲失敗總比到四、五十歲來得好，卡在這個年齡至少你之前也有過一些工作經驗，要銜接上來比較不費力。但如果你二十多歲花了七八年的時間卻失敗了，當你要重回職場，面試人員也會很難認同你毫無工作經驗，甚至會好奇問：「你這段時間都在做什麼？」

如果只是一種天馬行空的「漂泊」，那是很難被認同的。換而言之，假使你的夢想是真的跟現實工作生涯有某種相通性，譬如到國外是真的做生意或是換取一些經驗，古人說「築夢踏實」就是這個道理。

經驗往往不是從「口耳相傳」或是「特定的某人說」，而經常會是從閱讀跟觀察而來。

要明白選擇一條正確的道路，從來就不是一件容易的事，因為我們希望能減少人生中犯錯的機率，不重複走回頭路，所以更需要透過詳盡的計畫跟思考。而閱讀是最簡便的方式，因為匯集作者的豐厚經驗，比光憑一個草率的「誰誰誰說」來得實際些。

至於觀察，則必須透過時間和操作上的經驗，也是一種知識的累積，才能得知最後的結論。如果僅憑著一股衝動、盲目行動的話，你可能需要好幾年的時間去彌補。相較之下你會覺得哪一種比較值得？

要了解到「人生苦短」，你沒有太多時間在重大決策中失誤，然後再花大量時間去彌補，尤其你又沒有一個堅強家庭後盾的話，更需要步步為營。

所以，別相信那些有的沒的網路流言，先懂得看清楚自己是否符合某項資格再去行動，按部就班的生活沒什麼不好。你也能容許偶而實現小小的夢想，卻不必放棄所有，只為成就一個遙不可及的夢想。畢竟你是生活在現實世界，你來自的環境不是富有的家庭，而劇烈競爭的環境很可能會讓你一下子掉到M型社會地底層。

學會溝通

善於溝通是贏得尊敬的最佳手段。

獨自旅行帶給我第一個最大的衝擊，就是面對不同文化背景的人們，學會如何跟他們相處。想像當你被丟進一個陌生的世界，這世界還不是你自己的國家而是跨越另一個國度時，你所受到的衝擊可能不單是「思鄉病」這麼簡單而已。

可能我天生的個性就比較直來直往，所以跟外國人的溝通會少些障礙，這跟華人的世界很不一樣，但無論是來自哪種背景，學會如何溝通的技巧都會是建立良好關係的第一步。

在我們生活周遭很容易發現一些具「強迫症」性格的人，而且發現近年來越來越嚴重，那種「強迫症」就是：你非聽我的不可——這絕對不是一種良好的溝通方式，而是讓關係更緊繃。當你認為的溝通是希望別人聽你的，可能得到的是反效果，你希望的「認同感」反而更糟。

當然，這並不是意味著你跟別人溝通，就一定得聽從別人的意見，而是讓彼此都說出看法，兩相得到最好的平衡點。如此一來，你尊重了對方，也贏得尊重，這不是最完美的結果嗎？

偏偏有些人不是悶頭不講，覺得自己受盡委屈，或是爭得臉紅脖子粗，因為意見不同而導致關係破裂，這就是處理方式的錯誤，讓情況變得更糟。

最近有幾次發現對於「溝通」方式的誤用，讓我印象深刻。

像是一個半熟不熟的「朋友」好意找我出來吃飯，想談一下最近群體之間產生摩擦的事端。

結果呢！我所聽到的都是對方一直告訴你「應該」怎樣做？而不是真的想了解事情發生的原委，你的看法跟找出你該怎樣「解決」的最好方式。這根本不像在溝通，而是「命令」似的了。結果不僅問題沒有解決，更是對這樣的「朋友」產生一種「瞎攪和」的負面印象。

或是家族有人找你商討事情，說好了要「溝通」，結果全部是對方告訴你要怎麼做……完全扭曲了「溝通」的意義，只會讓人想趕緊落跑。

溝通可以是說服——

當然溝通也可以是為了讓對方接受你的意見，但需要合情合理，你必須提出更好的見解、分析，才容易讓人接納。所以溝通不是強迫性的，但不一定就會讓你成為輸的一方。

良性的溝通還能讓人更了解你，為自己製造更好的印象，這不是兩全其美的方式？總比一個人悶著頭來，完全不顧及他人的感受，更能贏得讚賞吧！

溝通首在聆聽——

消化別人提供給你的訊息，而不是「左耳進右耳出」，很多人在談論某件事情時，滿腦子想的都是怎麼扳倒對方，讓對方產生信服，但這一開始出發點就錯誤，這反倒成為一種「算計」，而失去相互協調的美意了。

當你希望對方聽你說些什麼時，同時也應該聽聽別人想告訴你些什麼，因為這才是一種互相尊重，也能得到對方回報以同樣的對應。如果每個人都期待別人能把自己的話聽進去，卻又各持己見，最後不是爭執不休就是不歡而散。

能主動找對方溝通需要勇氣，這是值得讚賞的行動。

但如何才是良好的互動？找出最佳的平衡點，才是溝通最後的目的，也能讓彼此的情誼更進一步。

保持理性

懂得克制自己的情緒，也是贏得尊重的最佳方式。

人做事最怕的就是衝動，當情感戰勝理智時，你無法估計自己會做出什麼樣的蠢事，嚴重一點的身敗名裂，輕微一點的也可能導致名譽受損，讓你得花數倍的力氣去修補自己所犯下的錯。

一位女性朋友傷心的提起，自己貿然簽下離婚協議書的後果，讓她一個月來夜夜失眠，整個人消瘦了五公斤。

「既然你還愛著他，為什麼又要放棄呢？」朋友都很好奇問。

「我只是一時賭氣，以為他會求我，沒想到他這次還真的簽字了。」

女生懊惱不已，也讓朋友為她惋惜。

「那你只好想想補救的辦法了。」

大家只能這樣建議。

後來，婚姻最後還是沒能挽回，這位女性友人只能很長一段時間沉溺在懊悔中。

俗語說：「破鏡難圓。」很多事情在我們下決定的那一刻，就已經注定了結局。特別關於人生的重大問題，怎能不思量再三？不僅是人生大事，很多的枝微末節也會因為過度衝動，而錯節盤根衍生出更大的麻煩。

光是跟人之間的互動看似簡單的小事，其實沒有拿捏好也會造成很大的問題，相信很多人都不喜歡被騙的感覺，但很抱歉的，這社會上就是充滿著謊言。當我們知道受騙的當下，心裡一定很不好受，但是你是否能在找對方質問時，先想想背後的因素，又或者這種欺騙對你來說損失了什麼？

許多生活上的經驗都是透過學習而來的，如果一遇到問題只會任由情緒發洩，那跟三歲孩童有什麼兩樣？成熟的大人應該用更成熟的方式去解決問題，用各個角度去分析事情的面貌，唯有經過思考做出的行動，才不會讓我們把問題搞得更糟。

一般人很容易習慣於一種直覺反應，這又跟我們受到的教育跟天性有關，有些人面對問題時能沉得住氣，有些人卻常感情用事，最後的結果當然是前者通常是贏家。當你忿忿不平覺得自己被惹毛了，只會一味指責對方的不是時，是否想想這對問題有幫助嗎？你只是把情況弄得更糟，似乎也無濟於事。

像是我們在工作上難免會碰到小人，這種小人最愛無風不起浪，把別人激得跳腳，而自己躲在一旁看戲，還開心的拍拍手，認為遂了他的心願。你希望對方得意洋洋，而你是那個被操弄的木偶？面對小人當道，難道硬碰硬是最好的方式？

古人說：「山不轉路轉」，只要花點心思，多用點理智去思考，其實扭轉劣勢並不難。問題是你冷靜下來了沒有？

生氣只是一時的，如何解決問題才是要點。想想當我們失去理智時，就像一個酒醉的人一樣，會如何失控連自己都不知道，最後的結果都會是後悔莫及。

一個懂得控制自己情緒的人，相對也能帶來好感，甚至還能博得同情性的支持，這恐怕是愛鬧脾氣的人很難想像的。當你能用理性來面對困境，更能博取他人的敬重，更能讓人對你產生信賴感，知道你處事的謹慎跟思維，這不僅僅是人們對你的改觀，而且還能讓問題有意外良好的發展，誰說這不是一種雙贏的結果！

學會不要記仇

當我們越不在乎那些鳥事，惡人就越不容易得逞。

我們要放下某些事情的確很不簡單，尤其是那些傷害你的人事物，很多書裡教我們要放下，但事實又談何容易？對於那些虧欠我們的人，我們滿腦子想的都會是如何報復，如何讓對方難堪，但除了可以讓自己爽快一下之外，對我們未來的人生有何助益？這是必須先考量到的一點。

人生中總是有不公平的事發生，那可能是發生在你低潮、虛弱的時候，那些小人特別容易趁虛而入。當你六神無主時，正是你最脆弱的時候，而有些人不是來幫助你，而是更加踹上一腳，令誰都難以接受。

要知道，不是每個人都如你想像中的善良，狐狸鼠輩總是充斥在我們的周遭，而我們能做的，只有改變自己，讓自己變得強大，把這樣的折磨當成一種「補藥」，當你越過越好，其實也是給對方一種最好的報復，不是嗎？

人最怕糾結在過去，尤其是那一段不堪的待遇。因為那些陰暗的過往會將人拖住，折損你的能量。它像是藏在你生命中一個痛苦的傷疤，你越是想去報復越是把自己陷在那種情境無法前進。

西方一位思想家摩爾說：「如果你要懲罰一個人，就是讓他進入一種常常憎恨人的不安之中。」

報復的心態就是無法從憎恨中脫離，讓我們一直被困在那樣的情緒當中。這對追求美好的幸福當然是有害的，沒有人會對一個常常陷於恨意思維的人有所喜愛，而你不知在自己的仇恨當中會失去什麼，這對自己是一種損失，而這對那個折磨你的人卻不痛不癢的，我想，這絕對不會是你想要的結果。

有時候，老天爺讓你結束一段關係並不是沒收你的幸福，而是老天爺一直將你的不快樂看在眼裡，連老天都心疼你，覺得他不配，所以放你走。學會脫離那種憎恨的情緒才是贏家，因為這表示你不會再中對方的計，你已經清楚自己想要的是什麼。經常，放手才會是最好的「報復」，當我們脫離那種情境，用一個旁觀者的角度去看待，等於把自己提升到另一個層次，更顯得對方的愚昧跟無知，不是嗎？

有些復仇不需要你多做些什麼，報應自然來到，而你不再讓對方有機會在你生命中攪和，那也是一種最好的「報復」了。

學著往前看，那些不愉快自然就會成為「過往」。多記取美好愉快的回憶，不要糾結在那些創痛中，你才能迎向更光明的未來，吸引更多好的人靠近。

因此，你想成為什麼樣的人不是由他人決定，更不是別人破壞得了的，你可以變得更好，也可以更糟，就在於你自己的一念之間。

偷時間的賊

你為不值得的人和事浪費時間，必然會錯過其他美好的事情。所以，有些人一開始就不要給機會，免得糾纏不清。

靜下心來想一想：「我最近在忙什麼？」「我做了什麼有意義的事？」你是不是也有這樣的一種感覺：對於過去一個月所做的事情似乎沒有太多的印象，而且真正想做的事幾乎沒有進展？

當你想用心做某事時，LINE傳來朋友關心的問候，於是拿起手機回覆消息，朋友分享的近況很有趣、好洋蔥、超八卦，還有視頻……等你意識到不對勁，半小時過去了。工作中遇到不懂的地方，上網搜索資訊。打開谷歌，首頁推薦了熱門新聞，看看臉書大家怎麼說，一不小心又被右側廣告吸引了……等意識到不對勁時，時間可能已經過了二、三十分鐘了。還有，你是不是常會接到一些莫名其妙的電話，例如：「我們有很好的保險要推銷給您」、「你需要貸款嗎？」更誇張的是那些「交友」、「詐騙」的電話，往往搞得你團團轉，不僅消耗你的時間精力，更傷了荷包。

除了上述的狀況外，還有一種躲藏在各個角落，不知道什麼時候會蹦出來的「推銷員」，以各種名目一點一點偷走你的時間，他們可能是你認識的朋友，或是路上想盡辦法要跟你成為「朋友」的陌生業務員。

我有個認識很久的朋友，她個性十分平易近人，做事不拘小節。還記得有天下午，我們正熱絡的聊著天時，她說她等會兒有約，要去做臉部保養。當下我驚訝不已，猶記得過往的她是個連洗完臉後，擦化妝水、乳液都嫌懶的人，於是好奇的想知道她怎麼突然預約了皮膚美容。一問之下，才知道原來是她逛街時，被路邊的推銷員推銷，因不會拒絕，無奈之下，購買了上萬元的保養課程。

這類「推銷員」會聰明的排除你周圍的友人，趁你落單時發動攻勢，說了一堆討人歡心的話，讓你以為遇到「難得一見的好人」，但事實上，卻算計著如何叫你為產品買單。

仔細思索，你會發現所有的話術看似都在「替你著想」，但其實只是包裝得讓你天真的以為對方一切都是為了你。

這樣的「時間小偷」會用很多說詞打動你，一旦你稍作遲疑，對方就會立刻趁虛而入，不管你是正要去見某個人、做某件事情，對方都有辦法說服你，當下這件事情比什麼都重要。於是你又浪費了幾十分鐘、幾小時，或是一整個下午，在這件「可有可無」的事情上。

事後也許你會懊惱的想：為什麼那些推銷員不找其他看起來「貴氣逼人」的路人，而偏偏挑中你呢？

其實很簡單！從心理學角度上來看，容易被推銷的人身上往往有以下三大特質：看起來比較面善、柔弱；一般都非常感性，容易受到推銷員的影響；以及比較不會拒絕別人的請求。因此，找你「消磨時光」最棒囉！

所以，不要覺得自己太狠心、給人冷臉，好像是很不禮貌的事。有時候冷漠反而可以拉開一些距離，至少給你多點時間和空間去觀察、做決定，而不是馬上投入。

被別有所求的人盯上時，別人的時間對他而言都不是時間，只有他的機會和利益才是最重要的。如果你珍惜光陰的話，就不該在這些人身上浪費，連停留片刻都不需要。一開始堅定自己的立場，展現出堅定的眼神，別讓人有機可乘。

時時刻刻提醒自己，清楚什麼對你才是最重要的事情，當中間跳出一個程咬金想偷走你的時間時，你才懂得跳開，朝真正的目標前進。不管那個想竊取你時間的人說得如何動聽，你只要不給時間，對方也無從下手。凡事先著重在自己的事情，自然就能避開那些有心人的糾纏。

做好時間管理

善於規劃時間的人，總是跟成功有緣。

為什麼我們經常會不知不覺跟著別人的屁股走，受不了他人的慫恿，為別人浪費太多時間，仔細分析之後，你會發現往往跟自我缺少一份對生活的規劃有關。

當你漫無目標，就沒有了動力，每天到點上班，到點下班，回家躺玩手機，不知道自己該做什麼，就很容易莫名其妙的浪費許多時間在別人的需求上。

有些人善於利用別人的力量和資源，來成就自己的目標。在經濟迅速發展的時代，專業分支越來越細，想憑藉有限的個人力量做成一番事業是非常困難的。所以，學會借力而行是必須的。只是，出發點是基於善意還是惡意的利用就有所差別。某部分人很懂得花言巧語，甚至編派一些夢想給別人，以至於沒有特別思考的人就容易傻傻的被牽著鼻子走，到最後才發現自己似乎什麼也沒得到，只是不斷滿足這些人的慾望而已。

在社會上行走，或多或少我們都會遇到這類人物，他們第一句話不是問：「你有沒有時間……」而是「你能幫我〇〇〇……」你可能因為真的很閒，也可能不夠堅持，不管你手頭有什麼要事，對方一律會想辦法讓你覺得「他的事比較重要」，而你正打算進行的事都是其次，甚至會不斷唱衰你的計畫，讓你覺得所要做的事一定不會成功，只是浪費時間而已，來達成他們的目的。

推究其原因，除了你不夠堅持外，最重要的是你對自己的目標不夠積極。如果一個滿腦子都是實現計畫的人，或像是你正要去趕車，趕去赴某個重要約會，你連停留幾秒鐘的時間都沒有，也就不會給人有趁虛而入的機會。

人生最珍貴的是自己的時間，最有意義的事情莫過於奮鬥。一個人對時間的管理有多重要，就看你會不會花時間在那些「閒事」。

因受邀演講的關係，我在校園裡認識不少行程非常滿、非常忙碌的師生。

他們為了想過上自己想要的生活而努力，以致讓人覺得他們行色匆匆。你會發覺，要跟他們約上時間不容易，多半得在半路上抓對方的時間空檔，而且會發現對方不斷的注意手錶，因為他們總是有更重要的事情要辦。

有位老師跟我談起她對時間的利用，因為一邊要兼顧家庭及小孩，得在清晨五點就起床唸書，她拚命在學位和執照上努力，彌補原本學歷上的不足，聽了讓我為之汗顏。而有些同學更是一邊工作一邊唸書，從老遠的地方得趕兩小時的車程來上課，家中還有生病的母親……聽到這些，比較起來，你是不是覺得自己太虛度光陰了呢？

想到別人把一天二十四小時，除了睡覺時間都被工作和學習塞滿，那你又是怎樣利用時間？

如果你必須因為自己的目標努力在清晨五點鐘爬起的話，恐怕你就知道時間對你來說是如何珍貴，而不會輕易浪費在那些別有企圖的人身上了。

撇開那些含著金湯匙出生的人，多數人不都是汲汲營營在為生活奔忙，當我們沒有那種條件，更應加把勁迎頭趕上。沒有任何成就是藉由依附在他人身上發生，所有事情都是必須親力親為才實在。因此為了避免被人浪費你的時間，你先得自己把時間規劃好，目標明確，作一個有效的時間管理者，自然而然就能把那些想拖住你的人排除在外，而專心在個人前途的發展。

一個人的幸福程度，往往取決於他可以擺脫對外部世界的依附的程度。

Brevene må ikke indeholde penge
POST

勇敢踏出舒適圈去冒險，你將發現所有的收穫都是值得的。

國家圖書館出版品預行編目資料

你的隨和必須要有點原則 / 徐竹著. ——初版——
[新北市] ：晶冠出版有限公司，2022.02
面；公分·——（時光薈萃；11）

ISBN 978-626-95426-2-8（平裝）

1.CST：修身

192.1 110022657

時光薈萃 11

你的隨和必須要有點原則

作　　者　徐竹
行政總編　方柏霖
副總編輯　林美玲
校　　對　謝函芳
封面設計　王心怡
出版發行　晶冠出版有限公司
電　　話　02-7731-5558
傳　　真　02-2245-1479
E-mail　ace.reading@gmail.com
部 落 格　http://acereading.pixnet.net/blog
總 代 理　旭昇圖書有限公司
電　　話　02-2245-1480（代表號）
傳　　真　02-2245-1479
郵政劃撥　12935041 旭昇圖書有限公司
地　　址　新北市中和區中山路二段352號2樓
E-mail　s1686688@ms31.hinet.net
印　　製　福霖印刷有限公司
定　　價　新台幣280元
出版日期　2022年03月 初版一刷
ISBN-13　978-626-95426-2-8

旭昇悅讀網 http://ubooks.tw/